JM014937

「世帯分離」で家計を守る 改訂版

社会保障費を節約する方法

太田哲二［著］

中央経済社

改訂版刊行にあたって

1ヵ月前，知人のAさんが「世帯分離していたおかげで，母の医療費が月額2～3万円ですんだ。最初は，入院費が払えるかとても心配したが，なんとかやり繰りついた」と話された。これは，世帯分離によって国民健康保険の高額療養費（自己負担限度額）が下がったというお話です。

2ヵ月前，知人のBさんが「父の介護の保険料も介護サービス料も下がった。まさかと思っていたが，本当なのね。うれしい。ほかにもおいしい話はありませんか。あったら教えてよ」とニコニコ顔でした。これは，世帯分離によって，介護保険の保険料および介護サービス費が安くなったというお話です。

いろいろな事例があるのですが，それらは本編で述べます。とにかく「世帯分離によって得する」ことが多々あります。

私は，2006年から，世帯分離のPRに努めてきました。ですから，それなりに普及してきたと思っています。しかし，よろず相談をしていますと，依然として頻繁に「世帯分離したほうがイイと思われる人」に出会います。

また，ダイレクトに世帯分離を勉強したいという人にも出会います。あるいは，メリットだけではなく「デメリットもあるのではないか」という質問も受けます。

それに，ほんの一部ですが，世帯分離を誤解して，「知っている人だけメリットを受ける。不公平だ」なんてことを言う人もあらわれました。

ともかくも，世帯分離の圧倒的なメリットが口から口へと語られ，世帯分離はそれなりに広まっていきました。

そうこうしていたら，2015年，突然，国は「夫婦の世帯分離に関して，特別養護老人ホーム等の施設利用の食費・居住費の減額メリットを制限」しました。突然，月額負担額が5～6万円も増加した人が生まれ，新聞記事にもなりましたが，一般の読者にとっては「よく分からない話だな～」

で終わったようです。繰り返しですが，①夫婦の世帯分離だけのケースであり，親子や兄弟姉妹の世帯分離は関係ありません。②特別養護老人ホーム等の食費・居住費だけの話です。決して，世帯分離のメリット全面排除ではありません。

　さて，私が最初に「世帯分離」を本として公表したのは，2006年の秋でした。

　バブル崩壊後，恐ろしい時代に突入しました。1993年〜2004年は，就職氷河期でした。毎年，10万人の大卒・高卒者が就職できませんでした。

　1997年11月は，山一証券の廃業，北海道拓殖銀行の破綻に代表されるように，金融機関に大混乱が発生しました。翌1998年は恐怖の数字が出現しました。従来，自殺者数は，毎年2万〜2万5,000人で推移していたものが，一気に8,500人も増加して，1998年は3万2,863人を数えました。3万人超えは2011年までの14年間続きました。政府の経済失政によって，自殺という名の大虐殺時代となったわけです。

　そんな中，小泉内閣（2001〜2006）は障害者自立支援法案を登場させました。法案の美名とは180度異なり，重度の障害者を持つ家庭は，ことごとく貧困へ真っ逆さま，という内容でした。その非道に立ち向かうため，2006年秋に，「世帯分離」の技を公表したわけです。

　リーマンショック，東日本大震災，あれやこれやで経済環境は変化し，なんとなく日本経済は落ち着いてきたかな〜，という感じでしたが，相変わらず格差拡大や低所得層増加は進行中でした。いわば，断崖絶壁でパーティをしている気分かなと思っていたら，突如・突然のコロナ大不況が勃発した。さあ，どうなるか。

　日本経済がどうなるか，という大テーマに関しては，昔も今も「当たるも八卦，当たらぬも八卦」の世界です。大所高所の経済テーマも極めて重要ですが，それだけに目と心を奪われてしまっては，身近なテーマ，すなわち最も確実な経済政策，家計防衛策を見誤ってしまいます。

　庶民が収入を増やすことは容易ではありません。しかし，庶民の大半は，

余分の税金，余分の社会保障費を支払っています。あなたの家計が少しだけ潤えば，その分，確実に社会が明るくなります。節税手法に関しては大量の情報が流布されていますが，それに比べて社会保障費の節約手法はわずかです。社会保障費の節約手法，それが世帯分離です。もちろん，全員がメリットを享受するわけではありませんが，非常に多くの人にメリットがもたらされます。

　難しい学習・作業は必要ありません。ほんの少しだけ動けばいいのです。役所で5分程度時間を費やすだけです。

2020年7月

著　者

目　　次

第 3 章　介護保険は世帯分離で負担激減

第 4 章　国民健康保険の負担も軽くなる

第 8 章　労災保険は
労働者なら誰でもOK

第 1 章

家計防衛の魔法はあるか？

1 ある，ある，あった，あった。

■家計が苦しい

家計が苦しくなった。苦しくなりそうだ。

　原因は，あれやこれや……

　宝くじ当たらないかな……

　どうにかしないと……

　どうすりゃいいのか，思案橋ブルース。

だから，家計防衛を。

収入を増やす……それができれば苦労はないよ！

支出を減らす……とっくにやっていますよ。弁当持参やら節電やら……。

だが，税金・社会保障負担費は減らすことが可能か？

お上が決めたことは，文句を言いつつも，従うしかない。

　　　　世の中は　いつも月夜と米の飯　それにつけても金の欲しさよ

　　　　　　　　　　　　　　　　　　　　　　　　　　（太田蜀山人）

　悟ったように気取ってみたものの，どうにもならない。

　しかし，よくよく見直すと，税金・社会保障負担費の中には，知らないがため，余分に支払っているお金が，案外多いのだ。

　本書では，「社会保障負担費をどう減らすか」が主題である。

■魔法の三角形

　社会保障を理解するには，当然，「所得税（および住民税）の基礎知識」が必要となる。しかし，それだけでは，ダメだ。「世帯」を理解しないことには，社会保障は分からない。でも，誰もそのことを言わない。

　世帯——これは，日本人にとって「空気」のように，当たり前の概念で

ある。当たり前だから誰も意識しない。だから，世帯に関して勉強しない。しかし，社会保障を知るうえで「世帯」は決定的に重要である。

「社会保障」と「所得税（および住民税)」と「世帯」，この3つは三角形を形成している。これは滅茶苦茶に重要なことだから，必ず意識する。意識すれば，必ず家計防衛に役に立つ。

どんな三角形か？

とりあえず，次のカコミの文章を読んでください。当たり前の常識的文章だが，実は，常識すぎて，大半の国民は「あっ，そう」で終わってしまう。この中に，「社会保障負担費減額」の魔法が隠されている。

「社会保障」と「所得税（住民税)」と「世帯」の三角形

社会保障の負担額は，

第1原則「収入・所得が高ければ多く支払う。収入・所得が低ければ少ない支払い」

第2原則「家族の支え合い」……「世帯」

第1原則と第2原則を合体すると，「高収入世帯」から「低収入世帯」へ移行できれば，社会保障負担額は減少──ということになる。

どうやって移行するのか。「世帯分離」によって，それが可能となる。

図表1−1　魔法のトライアングル（三角形）

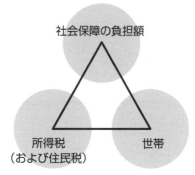

社会保障の負担額

所得税
（および住民税）　　　世帯

私が最初に「世帯分離」を公表したのは，2006年（平成18年）9月出版の『家計を守る「世帯分離」活用術』（中央経済社）であった。

　あのとき，「世帯分離」を世に発表すべきかどうか，ずいぶん悩んだ。「世帯分離」を知れば，個々人の社会保障出費が減少して家計が守られる。しかし，「家族の絆を壊すのか！」とか「偽装離婚を推奨するのか！」とか，「裏口入学みたい手法」などと誤解されるかもしれない……と悩んだ。

　当時は，インターネットで「世帯分離」を検索しても，何も出てこない時代であった。

　そのころ，小泉内閣の社会保障削減策（国は削減，個人は負担増）の一環である障害者自立支援法案が登場した。法案は非道な内容であった。重度の障害者を抱える家庭はことごとく貧困に没落してしまう。「これは，えらいことになる」と反対運動に関わっていたが，とうとう法律成立。もう，「なめるなよ！」という気分に高揚して，「世帯分離」の公表を決心したのであった。

　知人から「奇妙な理屈を考えたもんだな」とからかわれた。しかし，どこからも非難の声は届かなかった。

　しかし，依然として「知る人は，ごく少数」という状況である。

　世の中，そんなにおいしい話はない，という健全思考が強固なのだろう。

コラム1　所得税の幹

　社会保障の負担額を決めるためには，所得税・住民税の基礎知識が必要となる。

　所得税の全体は，複雑である。だから，とりあえず，所得税の枝葉なしの「幹」だけしっかり記憶する。これさえ記憶すれば，所得税入門はバッチリだ。

　「収入」と「所得」は違うよ。「所得」と「課税所得」は違うよ。これは，何としても認識してほしい。それから，社会保障に関して，し

ばしば,「合計所得金額」,「総所得金額等」という単語が登場するが,これは「所得」と同類項と思えばよい。

> 所得税の幹
>
> ◎4段階構造（復興増税を加えて5段階）である。
>
> 　第1段階　収入－必要経費（給与所得ならば給与所得控除）
> 　　　　　　　＝所得（10種類）
>
> 　第2段階　所得－所得控除（14種類）＝課税所得
>
> 　第3段階　課税所得×税率＝所得税額
>
> 　第4段階　所得税額－税額控除（住宅ローン控除など）＝納税額
>
> なお, 東日本大震災（2011年3月11日）の臨時増税が決まった。2013年（平成25年）1月から25年間, 復興増税される。
>
> 　第5段階　　納税額×1.021＝復興増税を加えた納税額
>
> ◎確定申告が大原則

■世帯分離で社会保障負担額が減少！

東京都杉並区に住む自営業者・佐藤幹男（世帯主, 63歳, 給与収入400万円）は, 妻・佐藤芳子（56歳, 給与収入100万円）, 実父・佐藤源蔵（88歳, 年金収入36万円）と同居していて, 3人世帯である。実父・佐藤源蔵は, 要介護3である。

3人世帯を世帯分離して,「佐藤幹男（世帯主）, 佐藤芳子（世帯員）」と「佐藤源蔵（世帯主）」の2つの世帯にした。

その結果, 驚くべき効果が生まれた。

① 　実父・佐藤源蔵の介護保険料が, 安くなった。
　　　　　年間7万4,400円が年間2万8,020円に減少した。

② 実父・佐藤源蔵が，介護保険の施設サービス（老人保健施設など）やショートステイを利用した際の利用者負担が大幅に安くなった。施設サービスでは，

月額 14 万 3,850 円が月額 6 万 2,510 円になった。

③ 実父・佐藤源蔵の後期高齢者医療制度の保険料が，安くなった。

年間 4 万 3,300 円が年間 6,400 円に減少した。

④ 実父・佐藤源蔵が 1 ヵ月病院に入院した際の窓口支払い額が大幅に安くなった。

月額 8 万 7,600 円が月額 2 万 4,000 円になった。

　佐藤夫婦はビックリした。初めて世帯分離の話を聞いたとき，「まさか，そんな魔法みたいな話があるわけない」と思ったが，魔法はあるのだな〜，と思ったものだ。

　なお，世帯分離の効能は他にもいっぱいある。別の家庭では，次の効果が生まれた。

- 国民健康保険の保険料ならびに病院への窓口支払いが激安になった。
- 国民年金の掛金（月額 1 万 6,400 円）を払わなくてもよくなった。
- その他いろいろ。

2 社会保障の大枠を知る

　魔法のトライアングル（三角形）を理解するためには，「社会保障」・「所得税（および住民税）」・「世帯」の基礎知識を獲得する必要がある。

　「世帯」に関しては，第 2 章で説明する。

　「所得税（および住民税）」に関しては，「コラム 1」「コラム 2」を眺めてください。

　この節では，「社会保障」に関しての大枠を整理・整頓しておきます。

コラム2　住民税の幹

　社会保障の負担額を決めるためには，所得税・住民税の基礎知識が必要となる。所得税の幹が分かれば，住民税の幹も分かりやすい。そうはいっても，住民税は分かりづらい。とりあえず，「住民税の幹」だけ眺めてください。

住民税の幹

◎個人の住民税（市区町村民税＋都道府県民税）は，均等割＋所得割となっている。

◎住民税（個人）均等割

　市区町村民税3,500円＋都道府県民税1,500円（年額）

　　※平成25年度までは，［3,000円＋1,000］でした。東北復興臨時増税で，平成26年度〜令和5年度は500円ずつ増税されました。令和6年度から元の［3,000円＋1,000円］に戻るはずでしたが，令和6年度から，500円ずつの森林環境税（国税）が創設された。その結果，令和6年度からは，［(3,000円＋国税500円)＋(1,000円＋国税500円)］となります。国会議員は「地方税と国税」の区別に無関心のようです。

　　※所得税には均等割はない。

　　※住民税均等割の金額は標準税率です。

◎住民税（個人）所得割の計算は，所得税と同じ4段階構造

　第1段階　収入－必要経費（給与所得ならば給与所得控除）＝所得

　第2段階　所得－所得控除（13種類）＝課税所得

　　※所得税の所得控除と金額等が若干異なる。

　第3段階　課税所得×税率（10％）＝所得割額（税額控除前）

　　※10％の数字は標準税率。10％の内訳は，市区町村民税が6％，都道府県民税が4％である。

第4段階　所得税額－税額控除＝所得割額（税額控除後）

　　※所得税に比べて，税額控除が少ない。

◎非課税限度額の制度がある

　　※所得税にはない。

◎原則は市区町村が計算するが，稀に自分で「住民税の申告」の人もいる。

■社会保障がトップの体系

　あらかじめ，社会保障の基礎用語の説明を……。

　先日の NHK テレビの討論会でも，「社会保障」の単語と「社会保険」の単語が間違って画面に登場していた。NHK でも間違うのだから，日常会話では，滅茶苦茶。そこで，頭の整理整頓。

　日本国憲法第 25 条の 1 項は「すべて国民は，健康で文化的な最低限度の生活を営む権利を有する」とある。そして，2 項は「国は，すべての生活部面について，社会福祉，社会保障及び公衆衛生の向上及び増進に努めなければならない」とある。

　憲法の条文を読むと，「社会福祉」と「社会保障」と「公衆衛生」の 3 つは同列に位置しているが，実態は社会保障をトップにした体系になっている。

図表 1 － 2　社会保障の体系

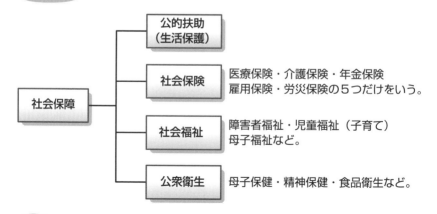

憲法の条文と実態にズレがあるので，高校生・大学生は頭が混乱してしまって，ペーパー試験では間違ってしまう。でも，それは，その学生の試験の点数が悪くなるだけのこと。一般の日常会話では，あらかた間違って使用しているが，それでも不便はない。しかし，社会保障関係をテーマとするテレビの討論番組で基礎用語を間違えられるのは，困ったものだ。ただでさえ複雑な内容が，ますます混乱して，結果として「なんか，よく分からんなぁ」で終わってしまう。愚痴はこの程度にして，ポイントを数点，説明しておきます。

- 「生活保護」は，最後のセーフティネット（安全網）である。バブル崩壊後から，受給者は増加の一途。2011 年（平成 23 年）に 200 万人を突破。2017 年（平成 29 年）2 月時点では，214 万人。戦後の混乱期なみの数字である。

- 「社会保険」は，図表のように 5 つだけをいう。すなわち，「医療保険」「介護保険」「年金保険」「雇用保険」「労災保険」だけをいう。

- 「社会福祉」と「公衆衛生」は，何が違うのか。社会福祉は具体的な個人に焦点を当てた制度で，「精神障害者のＡさんには，これこれの福祉サービスがある」といった感じ。公衆衛生は一般不特定多数を対象に，「うつ病を増加させないためには，これこれの施策を」といった感じである。

■5つの社会保険
……非正規労働者の社会保険は現在変革進行中

前段の「社会保障の体系」で述べたように，社会保険には，医療保険，介護保険，年金保険，雇用保険（失業保険），労災保険の 5 つがある。

- 民間会社のサラリーマンの「社会保険」は，5 つともそろっている。医療保険は，大企業であれば組合健保，中小企業であれば協会けんぽ。年

金保険は，厚生年金保険である。雇用保険と労災保険は，義務加入となっている。介護保険料は，40歳以上の全国民が対象となっている。

- 非正規労働者の安定化支援は，次の方向性が描かれている。

　医療保険は「国民健康保険→組合健保・協会けんぽ」

　年金保険は「国民年金→厚生年金」，

　雇用保険は「なし→加入」

　この方向性で，民主党政権はドカーンと動かそうとしたが，自民党と経済界の圧力でチョッとだけに終わった。長期的に眺めれば，現在変革進行中です。

　労災保険は，非正規・正規に関係なく，事業所が保険料を払っていようが払っていまいが，労災発生となれば給付される。介護保険料は，40歳以上の全国民が対象となっている。

- 公務員などの「社会保険」は，医療保険は共済組合が担当している。年金は，2015年から被用者年金一元化法の施行により厚生年金に統一された。民間の雇用保険・労災保険に相当するものは，別の法律に基づいている。介護保険料は，40歳以上の全国民が対象となっている。

- 自営業者などの「社会保険」は，民間会社のサラリーマンや公務員に比べて劣っている。医療保険は，国民健康保険である。年金保険は，基礎部分の国民年金だけとなる。雇用保険と労災保険は，通常ない。介護保険料は，40歳以上の全国民が対象となっている。

■民間保険は付録である

　なお，「社会保険」は，公的機関（国や自治体）が保険者である。これに対して，「民間保険」とは民間保険会社が保険者となる。ときどき，社会保険への不信・不安が述べられるが，あくまでも，社会保障においては公的な社会保険が基礎・基本であって，民間保険は「補完付録」であるこ

とを肝に命じてほしい。お金に余裕があったならば，民間保険に入ればよいということ。

　それにしても，民間の医療保険のCMの多さは，一体全体，何を物語っているのだろうか。「民間保険会社はものすごく儲かるのだろうか……」，「遠からず，国民皆保険制度が骨抜きになると予想しているのだろうか……」。

3 まずは，家計を考える

■家計簿目線が重要

　大所高所の経済論は花盛りである。毎年のことながら，年末の新聞各紙は，数人の経済評論家に「来年の経済予想」を論じてもらうのが恒例だ。A氏は「来年は◎だ」，B氏は「来年は△だ」，C氏は「来年は×だ」と予想する。誰か1人は，当たる。つまり，大所高所の経済論は，競馬の予想と同レベルの「当たるも八卦，当たらぬも八卦」と悟ったほうがよい。

　重要なのは，大所高所の目線ではなく，個人個人の「家計簿」目線である。ところが，経済学者は家計の実態と遊離した奇妙な数字を持ち出して論説を述べる。悪気はないのだろうが，事実上，一般庶民を騙したり，ごまかしたりしている。その原因をあらかじめ言えば，「固定家計費」を無視した発想が主流になっているからである。

■可処分所得の嘘

　経済・財政学では，「可処分所得」なる単語がある。

（通常の式）　収入−税金・社会保障費＝可処分所得（消費と貯蓄）
　　　　　　　　　※消費は，固定家計費と変動家計費に分かれる。

（真実の式）　収入−税金・社会保障費−固定家計費＝変動家計費＋貯蓄

　大半の評論は「通常の式」を用いて，「可処分所得が多ければ，生活が

豊か」という理屈が述べられる。それは，真っ赤な嘘である。可処分所得が多くても，固定家計費が大きければ，生活は困窮する。

真実の姿は，「真実の式」を用いて，「変動家計費が少ないので，生活が困窮」となる。

日本は，固定家計費がやたら大きい仕組みになっている。何を固定家計費に組み入れるかは，議論もあろうが，大方は以下のような出費をいうと思う。

① 電気・ガス・水道
② NHK，電話代，インターネット通信費など
③ 民間保険会社の生命保険，損害保険，医療・ガン保険の保険料
④ 家賃，住宅ローン
⑤ 保育料・学校（小〜大）に納入する諸費用，予備校・学習塾，通学費
⑥ 窓口で支払う医療費や介護費
⑦ 自動車関係の駐車料，ガソリン代など

説明するまでもないが，変動家計費は，食費・衣服費・レジャー費・教養娯楽費などをいう。「変動家計費＝本当に自由に使えるお金」が多ければ，豊かな生活となる。

家計簿目線の経済学にとって，「固定家計費の姿と金額」が決定的に重要なのだが，どうやら政府はしっかりした統計をとっていないようだ。

一応，総務省は『家計調査年報』を発表している。この年報は，消費支出を「固定と変動」に分けずに，「10大費目」に分けている。10大費目とは，食料，住居，光熱・水道，家具・家事用品，被服・履物，保健医療，交通・通信，教育，教養娯楽，その他（交際費・こづかいなど）をいう。仮に，住居，光熱・水道，保健医療，交通・通信，教育の5つを固定家計費とすると，消費支出の約50％が固定家計費となる。要するに，可処分所得といっても，約50％は支出先が決まっている。しかし，それはあくまでも単純な推測に過ぎない。

　総務省はせっかく大規模な家計調査を毎年実施しても，一番肝心な「固定」と「変動」をしっかり区別した調査と分析をしていない。悪口を言えば，家計を判断するうえで決定的に重要な固定家計費の統計すらないのである。ともかく，直感からすれば，一般庶民にとって，「税金・社会保障費」だけでなく，「固定家計費が巨大」であるがため，「変動家計費が少ない」＝「生活が苦しい」というのが実状ではなかろうか。

　ということで，「可処分所得が，生活の苦楽を決める」という論理は，数字をもてあそぶ「無意味な話」と断じてよい。

■「スウェーデンでは税金が高いので，金持ちは海外移住」は，嘘

　家計簿視点を無視する偉い人は，しばしば「日本の国民負担率は低いので税金や社会保障の負担を増しても大丈夫」と言う。国民負担率とは，租税負担率と社会保障負担率の合計である。租税負担率は，国民所得に対する租税の比率をいう。社会保障負担率は，国民所得に対する社会保障負担の比率をいう。

　「国民負担率は低いので……」の話も，可処分所得と同じで，固定家計費を無視した単なる統計数字でしかない。「国民負担率＋固定家計費」という観点からすれば，「本当に自由に使えるお金」は，日本では少ないと思う。おそらく，国民負担率が極めて高いスウェーデン，フィンランド，ノルウェー，デンマーク，フランスのほうが，「本当に自由に使えるお金」は多いと思う。

　過去何回も，「スウェーデンは税金が高いので高収入の有名人が海外へ移住」といった報道が大々的になされた。それらは，すべて誤報だった。しかし，「誤報でした」とは報道されなかったので，スウェーデンの高収入者は続々と海外移住していると信じ込まされている。スウェーデンでは，確かに税金・社会保障の負担が高い。しかし，固定家計費が極めて少額で

あるため，それゆえ「本当に自由に使えるお金」が多い。だから，誰も海外移住などしていない。

2013年1月の税金逃れで海外移住の話題は，フランスの俳優ジェラール・ドパルデューがベルギーへ移住したとかロシア国籍を取得したとか騒ぎになった。単なる超高所得者の所得増税への抗議行動なのか，それとも本当にベルギーやロシアへ所得税を支払うようになるのか，結末を調べたが分からなかった。なお，フランスもロシアも二重国籍・多重国籍を認める国である。

国民負担率は「統計のための統計」と断じてよい。そんな統計数字よりも，「税金・社会保障の負担」および「固定家計費」を，どうすれば減少させられるか……，それが家計を守るうえでの思案のしどころ思案橋ブルースなのだ。本来，家計防衛には，「節税」・「社会保障負担額の減少策」・「固定家計費の負担減少策」を書かなければならないのだが，本書では世間で最も知られていない「社会保障負担額の減少策」を取り上げる。

■自由・平等・博愛

社会保障の個人負担額の減少を口にすると，必ず「じゃ，財源は？」という質問が出る。「財源案（あん）」なら，饅頭屋のアンと同じでいくらでもある。要は，選択の問題にすぎない。

社会保障の将来像に関しては，甲論乙駁であるが，過去30年を振り返ると，どうやら2つの方向性がある。今日的表現ならば，「格差拡大の方向」と「格差縮小の方向」だ。近代史的表現ならば，「自由と平等」の大テーマである。

したがって，冷静かつ論理的に考えれば，「めざす将来像」は，ぼんやりながら決まっている。「自由と平等の調和」，そして決め手は「博愛」である。中学・高校の歴史で習ったフランス革命の旗印「自由・平等・博愛」が，今日もなお，諸国民に問い続けている。

と，まあ，煙に巻いたような話になったが，「社会保障」の将来像に関しては，「自由・平等・博愛」をめざして，「現在変革進行中」と認識すべきである。そうでないと，イライラで胃潰瘍になる。

　そんな認識に立って「自分にできることは何か？」を考える。

　ブルクハルト（1818～97）はスイスの歴史学者で，スイス・フランの最高額面1,000フランの肖像画になっている人物であるが，彼の名言を思い出す。

　汝自身の家計を整えよ。それが私たち全員にできる最善の道である。

　とにかく，自分の家計を守る。1人ひとりが自分の家計防衛に成功すれば，その分は確実に明るく光がさし，閉塞感が薄らぐ。そうした人が多数となれば，閉塞感など自然消滅だ。

第 2 章

世帯分離とは何か

① 戸籍ではなく，住民票の話

■魔法のカラクリ

第1章で，次のように記載した。

「社会保障」と「所得税（住民税）」と「世帯」の三角形

社会保障の負担額は，

第1原則 「収入・所得が高ければ多く支払う。収入・所得が低ければ少ない支払い」

第2原則 「家族の支え合い」……「世帯」

第1原則と第2原則を合体すると，「高収入世帯」から「低収入世帯」へ移行できれば，社会保障負担額は減少——ということになる。

どうやって移行するのか。「世帯分離」によって，それが可能となる。

なんとなく分かるような気がすると思うが，もう少し説明すると，社会保障の負担額を決める際，次のように整理できる。

- 個人主義で決める場合もある。
- 住民票の「世帯」で決める場合もある。
- そして，「変則的世帯」で決める場合もある。「変則的世帯」の内容は，それぞれの制度によって異なる。さらには，「拡大世帯主義」もある。なお，「変則的世帯」・「拡大世帯主義」は，筆者の造語である。

基本的には，「高所得世帯」から「低所得世帯」に移行できれば，社会保障負担額は少なくなる。しかし，そう単純ではない。住民票の「世帯」のケースもあれば，「変則的世帯」のケースもある。

なんか，ごちゃごちゃした感じを持つと思うが，実際に，ごちゃごちゃ

している。だから，具体的な制度ごとに理解する必要がある。しかしながら，基本的には，「高所得世帯」から「低所得世帯」に移行できれば，社会保障負担額は少なくなる。その手段が「世帯分離」である。

■戸籍謄本と住民票

家族，親族，血族，姻族，親類，親戚，一族，一家，一門，家，家庭，家中，家門，家人，所帯，世帯，身内，係累……，いろいろ似た言葉がある。それらの言葉の中で，「親族」と「世帯」が重要単語である。

民法第725条には，「親族」の範囲を，

   ①   六親等内の血族

   ②   配偶者

   ③   三親等内の姻族

と定められている。

「ああ，そうですか」と思えばよい。自分の「親族」の氏名を全員知っている人は，めったにいない。「血族とは……」「姻族とは……」「親等の数え方は……」を正確に知りたい人は，書店でも図書館でも民法の解説本はドッサリある。もちろん，インターネットで検索しても，簡単に調べがつく。

民法725条で「親族」を定めているが，要するに，それは「身分」のことである。なんとなく「身分」という言葉の響きは，「お殿様と家来」というイメージになってしまうが，民法の「身分」は，親子とか夫婦とか兄弟姉妹とか……そうした関係をいう。その具体的事実が，「戸籍法」で定められた「戸籍謄本」に記入される。

それと対比して，「世帯」は「住民票」の話である。「住民票」は「住民基本台帳法」で定められている。そして，「住民票」は，現住所を基本に置いて記入されるものである。

したがって，次の区別をしっかり持っていただきたい。

■世帯分離は身分の話ではない

しばしば「世帯分離」の話をすると，「親子の縁を切る」や「偽装離婚」のイメージを持つ人がいる。これは，「戸籍謄本」と「住民票」の区別を知らないから，そうした誤解が生まれるのだ。「親子の縁を切る」や「偽装離婚」の話は，「戸籍法」すなわち「戸籍謄本」の話であって，「住民基本台帳法」すなわち「住民票」の話ではない。

国家が「戸籍」というもので国民の身分をガッチリ登録している国は，日本ぐらいであろう。台湾と韓国も，植民地時代に大日本帝国が並々ならぬ熱意と強制で「戸籍」をつくり上げた。独立後も，それを継承したが，改正が何回か行われ，日本の「戸籍」とは相当異なるものになっている。

台湾の「戸籍」は日本人の感覚では「住民票」に近いもののようである。しかし，台湾では「身分証明書」が普及していて，「戸籍」書類はあまり必要でないらしい。

韓国では，2008 年に「戸籍」制度が改正されて，「家族関係登録」制度になった。「戸主」中心から「個人」中心へと大幅に変更された。

日本史に詳しい人は，「戸籍は，古代中国から古代日本が輸入した文化，つまり戸籍の本家は古代中国である。だから，現代中国にも戸籍はあるのでは？」と思われるかもしれないが，これは錯覚。あるのは，「戸籍」ではなく，「住民票に近いもの」があるに過ぎない。ときどき，新聞などで，「現代中国の戸籍では……」といった記事を目にするが，これは，日本人ジャーナリスト・翻訳家が，「住民票に近いもの」を「戸籍」と誤訳しているに過ぎない。

　日本のように，「戸籍」と「住民票」の縦横ダブルの厳格管理体制を持っているのは，世界でも稀有なことで，戦前・戦中に「国体」という言葉が流行したが，これを「日本独特の権力機構・権力制度」と解釈すると，おそらく「国体」とは，「天皇」と「戸籍・住民票の厳格システム」ということになる。

　また，ときどき「北欧には同棲文化がある」「フランスでは少子化をストップさせた。ただし，子供の50％は婚外子」「2007年4月のフランス大統領選挙でサルコジに敗れたセゴレーヌ・ロワイヤル女史は正式な結婚をしていないのに4人の子供がいる」……そんな報道に接して，日本人はびっくり。

　しかし，もともと，かの国では「戸籍」なんてないし，あるのは日本でいえば「住民票」のたぐいである。それに，「完全な私人と私人との結婚に，どうして国家が介入するのか。介入するのは神様と神父さんだけじゃないの!?」という感覚が強い。だから，わざわざ役所に結婚届を提出しないだけ——そんな話を聞いた。なお，フランスでは，正式に結婚すると離婚が困難（日本の協議離婚がない）なので，正式の結婚をしたがらない——そんな話も聞いた。

　蛇足ながら，フランスでは，1999年に「市民連帯協定」という結婚よりは規制が緩く，同棲よりは法的権利が受けられる制度が発足した。つまり，「同棲」と「結婚」の中間制度。この制度によって少子化がストップしたのではないか——そんな話も聞いたことがある。

　「戸籍」と「住民票」の縦横ダブルの厳格管理体制とは，戸籍と住民票を空気のように信じているともいえる。2010年（平成22年）の夏，住民票のうえでは生きている「まほろしの高齢者」の存在が社会問題となった。誰もその高齢者の姿を見ていないが，住民票では生きている。そのため，年金を払い続ける。あるいは，戸籍のうえでは140歳とか150歳の高齢者が続々発見……そんな事件であった。「戸籍・住民票の厳格システム」を

空気のように信じていたため，現実から乖離したのである。

　あれこれ脱線したが，しっかり覚えるべきことは，「住民票」をいじくったって，「身分」には関係ないよ——このことである。

■20歳になったら，自分の戸籍をつくれる

　横道ながら，戸籍謄本の「新戸籍編製」について述べておく。これは，選挙権にも勝ると劣らないくらいの超重大な権利なのだが，完全に無関心状態にある。

戸籍法第 21 条（分籍による新戸籍編製）

　1．成年に達した者は，分籍をすることができる。但し，戸籍の筆
　　　頭に記載した者及びその配偶者は，この限りでない。
　2．分籍の届出があったときは，新戸籍を編製する。

　分籍とは，氏の変動をともなわないで，従前の戸籍を去って新戸籍を編製することである。分籍しても，身分関係（たとえば親子関係）には何の影響も及ぼさないもので，単に新戸籍をつくったというだけのことである。分籍は，法定の要件を満たす限り，本人の自由意志に基づいて行われ，何人の同意，許可など必要としない。ということで，成人になったら自由意志で，親の戸籍を離脱して新戸籍をつくることができるのである。

　成人の日本国体における根本的意味とは，「成人になったら，新戸籍をつくって戸籍筆頭者になれる」である。それなのに，ああそれなのに，誰も成人の日に，そのことを言わない，教えない，知らせない。不思議な成人の日の風景だ。

2 住民票の世帯とは何か

■住民票に書いてあること

　私たちが，役所の窓口で申請して受け取る「住民票」は，法律では「住民票の写し」である。「住民票そのもの（住民基本台帳）」は，今や，紙ではなくコンピュータに入力されている。

　「住民票」，正確には「住民票の写し」には，次のことが記載されている。

---

①　氏名

②　生年月日

③　男女

④　世帯主の氏名及び世帯主との続柄

⑤　戸籍の表示（本籍と筆頭者）

⑥　住民となった日

⑦　住所，及び転居した者については，その住所を定めた年月日

⑧　個人番号（マイナンバー）

⑨　届出の年月日及び従前の住所

⑩　住民票コード

　現物を見れば，すぐ分かること。百聞は一見にしかず。佐藤幹男の世帯全員の住民票をそっくり作図したものを掲載しておきます。

　なお，役所のコンピュータに打ち込まれている「住民票そのもの（住民基本台帳）」には，もっといろいろなことが記載されている。たとえば，選挙人名簿に登録されている者はその旨，国民健康保険，後期高齢者医療，介護保険，国民年金，児童手当に関する事項などである。

　外国人住民に関しては，国籍等外国人特有の事項も記載される。

　住民票を眺めて，一番上に「世帯共通欄」があって，その下に「個人欄」

住　民　票

東京都杉並区　　1　／　1

住所	西荻南△丁目△番△号
世帯主	佐藤　幹男

01	氏名	佐藤　幹男					
	生年月日	昭和33年△月△日	個人番号	省略		住民票コード	省略
	性別	男	続柄	世帯主	住民となった年月日		平成21年　△月　△日
	前住所	平成21年　△月　△日　届出　東京都三鷹市○○町△丁目△番△号			住所を定めた年月日		平成21年　△月　△日
	本籍 筆頭者	東京都杉並区西荻南△丁目△番　佐藤　幹男					
		＿＿＿＿	＿＿＿＿			＿＿＿＿	＿＿＿＿		
		＿＿＿＿	＿＿＿＿		＿＿＿＿	＿＿＿＿	＿＿＿＿	
		＿＿＿＿	＿＿＿＿				

02	氏名	佐藤　芳子					
	生年月日	昭和35年△月△日	個人番号	省略		住民票コード	省略
	性別	女	続柄	妻	住民となった年月日		平成21年　△月　△日
	前住所	平成21年　△月　△日　届出　東京都三鷹市○○町△丁目△番△号			住所を定めた年月日		平成21年　△月　△日
	本籍 筆頭者	東京都杉並区西荻南△丁目△番　佐藤　幹男					
		＿＿＿＿	＿＿＿＿			＿＿＿＿	＿＿＿＿		
		＿＿＿＿	＿＿＿＿		＿＿＿＿	＿＿＿＿	＿＿＿＿	
		＿＿＿＿	＿＿＿＿				

03	氏名	佐藤　源蔵					
	生年月日	昭和10年△月△日	個人番号	省略		住民票コード	省略
	性別	男	続柄	親	住民となった年月日		昭和38年　△月　△日
	前住所	平成38年　△月　△日　届出　東京都墨田区○○町△丁目△番△号			住所を定めた年月日		昭和38年　△月　△日
	本籍 筆頭者	東京都杉並区西荻南△丁目△番　佐藤　源蔵					
		＿＿＿＿	＿＿＿＿			＿＿＿＿	＿＿＿＿		
		＿＿＿＿	＿＿＿＿		＿＿＿＿	＿＿＿＿	＿＿＿＿	
		＿＿＿＿	＿＿＿＿				

以下余白

区民課扱い

この写しは、世帯全員の住民票の原本と相違ないことを証明する。

令和　元年　△月　△日

杉並区長　　　　　○○　○○　　　印

図表2−2 佐藤幹男の家系図

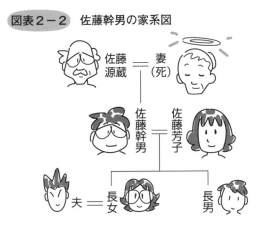

があって，「個人欄」には3人が書かれてある。3人の続柄の欄を眺めると，3人の一番上に「世帯主」と書いてある。要は，住民票には，「世帯」「世帯主」が書いてある……そんな程度が分かれば OK。

　世帯主——なんとなく，昔の家族制度の「家長」のなごりのような響きを持つ言葉であるが，「戦前の家族制度とは……」「戦前の家族制度と戸籍制度の関係は……」ということは，面倒な話になるので，それはやめる。

　要するに，分かり切ったことなのだが，この住民票に記入されている3人が「佐藤幹男の世帯」である。結婚して家を出た幹男の娘，独身ながら別居している息子は，「佐藤幹男の世帯」ではない。別段，親子の縁，家族の縁を切ったわけではない。繰り返すが，「住民票」は身分ではなく，住所が基本なのだ。

■世帯とは何か

　これは，けっこう難しいテーマである。日本には，1億人以上の人が住んでいるから，種々様々な生活の固まりがある。最小の生活の固まりを，住所を基礎に登録したものが世帯であろう。

　国の通達（昭 42.10.4 民事甲第 2671 号通達）では，世帯とは「居住及び

生計を共にする者の集まり，又は単独で居住し生計を維持する者」ということになっている。

住民基本台帳事務処理要綱では，世帯とは，「居所と生計をともにする社会生活上の単位」である。

この2つの文章を読み返すと，

「親戚でない者も，世帯の構成員にできるのか？」——そのとおり。

「夫婦でも，たとえば夫が単身赴任で別居すれば，世帯は別なのか？」——そのとおり。

「同居していても，生計を異にしていれば世帯は別なのか？」——そのとおり。

といったことが類推される。

もう少し理屈っぽい表現になると，世帯とは「実質的観念であって，形式的標準などなく，個々の場合に生活の実質的関係に基づき，具体的に決するほかない」ということで，ケース・バイ・ケースということである。

■「生計を共にする」と「生計を一（いっ）にする」

国の通達の「居住及生計を共にする」のことだが，「居住を共にする」は分かりやすいが，問題は「生計を共にする」である。

似たような響きの言葉に「生計を一（いっ）にする」がある。結論を先に言えば，次のとおりである。

> 「生計を共にする」……住民票の世帯の話
> 「生計を一（いっ）にする」……所得税・住民税の扶養控除などの話

日常会話では，この2つを混乱して使用しても別段不都合はないが，役所の文書だから「言葉が違う」ということは「意味も違う」ということを，しっかり押さえていきたい。

図表2－3 イメージ図

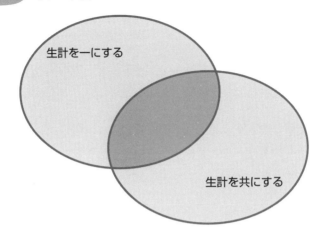

生計を一にする

生計を共にする

　この際，所得税の扶養控除などに登場する「生計を一にする」を説明しておく。たとえば，所得税の扶養控除を得るには，

①　親族であること。

②　生計を一にする人。

③　合計所得金額が38万円以下の人。

の3条件を満たす必要がある。

　そして，「生計を一にする」は，「所得税法基本通達2－47」において，以下のように記載されている。

所得税法基本通達2－47

　法の規定する「生計を一にする」とは，必ずしも同一の家屋に起居していることをいうものではないから，次のような場合には，それぞれ次による。

(1) 勤務，修学，療養等の都合上他の親族と日常の起居を共にしていない親族がいる場合であっても，次に掲げる場合に該当するときは，これらの親族は生計を一にするものとする。

イ　当該地の親族と日常の起居を共にしていない親族が，勤務，
　　　修学等の余暇には当該地の親族のもとで起居を共にすることを
　　　常例としている場合
　　ロ　これらの親族間において，常に生活費，学資金，療養費等の
　　　送金が行われている場合
（2）親族が同一の家屋に起居している場合には，明らかに互いに独立
　　した生活を営んでいると認められる場合を除き，これらの親族は生
　　計を一にするものとする。

　くどいようだが，「言葉が違う」から「意味も違う」ということを，しっかり認識してほしい。したがって，「生計を一にする」のであるが「生計を共にしていない」もあれば，「生計を一にしない」が「生計を共にする」もある。もちろん一番多いのは「生計を一にしており」かつ「生計を共にする」である。

　世帯分離の説明をすると，一番多い質問は扶養控除のことである。
（Q）世帯を別にすると，所得税・住民税の扶養控除がダメになりますか？
（A）世帯を別にすることと扶養控除は関係ありません。扶養控除は，①親族であること，②生計を一にする人，③合計所得金額が38万円以下の人，この3条件を満たせば可能です。3条件の中には，「世帯がどうのこうの」はありません。

　なお，どうでもいいことだが，「生計を一にする」の読み方は，「いち」ではなく「いつ」と読む。理由は知らないが，そうなっている。

コラム3 「所得金額」と「合計所得金額」と「総所得金額等」は，同類項

　所得税4段階構造の第1段階は「収入－必要経費＝所得（10種類）」である。所得には，利子所得，配当所得，不動産所得，事業所得，給与所得，雑所得など10種類ある。「収入」と「所得」の区別は絶対に認識していただく。

　さて，社会保障などの解説パンフレットでは，「合計所得金額」とか「総所得金額等」の単語がしばしば登場する。正確に解説すると複雑すぎるので，簡略に説明する。必要性を感じた方は，税務署や専門家に直接尋ねたほうがよい。本を読んでも，なかなか理解できるものではない。

　「合計所得金額」……所得は前述したように10種類あるが，人によっては2種類以上の所得がある。たとえば，給与所得と事業所得と雑所得の3種の所得がある人は，その合計額が合計所得金額になる。合計する際の数式は単純に足し算するものもあれば，所得の種類によっては特例があって，すべて単純足し算ではない。

　「総所得金額等」……合計所得金額から，繰越控除を適用した金額。繰越控除とは，マイホームや株式の売却で売却損が発生した場合，その損失を翌年以降に一定の方式で繰り越して控除すること。なお，「等」がない「総所得金額」という単語もあるので，ご注意。

　まあ，こうしたことは難解なので，「所得金額」「合計所得金額」「総所得金額等」は同類項と覚えておけばよい。ただし，第2段階の「課税所得」とはまったく違うから，それだけは厳にご注意を。

図表2－4　所得金額，合計所得金額，総所得金額等のイメージ図

節税２題──扶養控除と医療費控除……大半の人が
　　　　　勘違い

　所得税４段階構造の第２段階は「所得−所得控除（14種類）＝課税
所得」である。所得控除は，基礎控除，配偶者控除，扶養控除，障害
者控除，医療費控除，社会保険料控除など14種類ある。

● 扶養控除
　本文でも記載したように，①親族であること，②生計を一にする人，
③合計所得金額が38万円以下の人，この３条件をパスすればよい。
この中には，「世帯がどうの……」「同居がどうの……」はありません。
だから，別居している低所得の両親を扶養控除の対象者にすることは
OKである。
　非常に多くの人が勘違いしている。

● 医療費控除
　「医療費−保険金などで補てんされる金額−10万円＝控除額（上限
200万円）」（ただし，所得の５％が10万円に満たない場合は，所得の
５％）である。
　問題は「誰の医療費か」である。①納税者本人，②生計を一にする
配偶者，③生計を一にする親族，である。どこにも，「世帯がどうの
……」「同居がどうの……」，さらに「扶養がどうの……」はありませ
ん。大半の人は，納税者本人と扶養している家族だけ，と自分勝手に
思い込んでいる。
　ほとんどの人が勘違いしている。「もっと早く教えてくれれば」と
残念がられる。

■生計が別になった世帯員は，別世帯とすることができる

　世帯とは，「居住及び生計を共にする者の集まり」である。だから，生計が別になれば別の世帯とすることができる。

　先に紹介した住民基本台帳法関係の本『住民記録の実務』を読んでいると，世帯分離に関して，いくつかの事例が紹介されている。その1つを抜粋してみる。

　同一の家屋に住んでいるが世帯員が所得を得るようになり，事実，生計を別にしていれば，世帯分離することは可能である。(参考——昭和49.4．18東京都行政部指導課あて電話回答)」

　これは分かりやすいケースである。息子が学校を卒業して働くようになった。息子は親にきちんと居住費・食費として毎月5万円を母親に渡すようになった。両親は「息子も一人前になった」と喜んで，「お前も，父親と同格だ。だから，お前も世帯主になれ」ということで世帯分離して，父も世帯主，息子も世帯主となった……めでたし，めでたし，というお話である。

3 同居の夫婦は世帯分離できるか

■以前はダメだったが，今は可能となった

　同居の夫婦は世帯分離できるか？

　従来はできませんでした。しかし，約20年前から可能となった。平成12（2000）年に，自治省（現在の総務省）の見解が変更されたため，可能となった。

　同居夫婦の世帯分離に関しては，私の個人的感情レベルでは，かなり違和感を覚えるのだが，この際，私情は捨て説明することにする。実際問題，

これに関する質問が相当数，私のところへ寄せられた。そこで，詳細に書いておきます。

[従来の行政実例] …… 平成 2 年 9 月 3 日　東京都行政部指導課あて電話
　　　　　　　　　　　　回答

[問]　同一の家屋に住んでいる甲（男）と乙（女）は，生計が別であることから別世帯として住民票を作成されていた。今般，甲と乙は婚姻したが，両者から，婚姻後も別世帯として住民票を作成したままにしてほしい旨の申し出があった。応じることとして差し支えないか。

[答]　民法752条において夫婦間には協力扶助義務が定められていることから，同居している婚姻後の甲と乙の住民票は同一世帯として作成するべきである。

[見解の変更] ……『新版　地方自治問題解決事例集　第 1 巻　行政編』
　　　　　　　　　　（H20.6.10ぎょうせい刊）を参照した。

[問]　転入届を提出にきた夫婦から，夫と妻とは同一の住所に住むことになるものの，それぞれ仕事をもっており，生計も別であるため，住民票は別々に作成してほしい旨の申し出があった。

　　夫婦は同居している以上，同一の住民票としなければならない旨説明したところ，今まで住んでいた市町村では別世帯を認めてくれていたと主張している。この場合，市町村としては，どのように対応すべきか。

[答]

1　従来の見解

　　民法752条には，「夫婦は同居し，互に協力し扶助しなければならない」と夫婦間の協力扶助義務が定められており，同一住所地の夫婦は同一世帯として取り扱うべきとされていた。

2　見解の変更

　　民法752条により，夫婦間には協力扶助義務があることから，一般的

には同一世帯と考えられるが，夫婦間であっても，生計を別にしている実態があれば，世帯を分離することも可能である（平成12年3月24日自治省行政局振興課から神奈川県企画部市町村課あて電話回答）。

この見解変更においても，同居夫婦の世帯認定の原則は同一世帯であり，別世帯はあくまでも例外的取扱いである点に留意する必要がある。

3 別生計の実態の確認

同居夫婦から世帯分離の届出があった場合，届出の受理に当たり，生計を別にしているという実態を確認，審査するために，必要に応じ源泉徴収票，課税証明書等の疎明資料の提出を求めることとして差し支えないものとされている。

※疎明…1 いいわけ。弁明。2 確信ではなく，確からしいという推測を裁判官に生じさせる当事者の行為。または，これに基づき裁判官が一応の推測を得ている状態。

4 世帯合併の指導

住民票が別々である者からの婚姻届があった場合，市町村では世帯合併の届出をあわせて行うよう指導しているが，原則として，その指導は従来どおりとし，別生計である旨の申し出があった場合には，世帯合併不要とする取扱いとするものとされている。

ということで，同一住所での夫婦の世帯分離が可能となった。

[現在の行政実例] …… 平成12年7月14日　東京都行政部指導課あて電話回答

同一の住所地で生活している夫婦については，民法第752条により，夫婦間には協力扶助義務があることから，一般的には同一世帯と考えられるが，夫婦間であっても，生計を別にしているという実態があれば，世帯を分離することも可能である。

面白いですね～。同居していても，「夫も世帯主，妻も世帯主」という

ことが可能なのだ。嘘みたいな本当の話。たとえば，夫もサラリーマン，妻もOLで，双方それぞれの月給から5万円ずつ出し合って，家賃や共益部分の支払にあてていて，他は別々の独立会計。そういった夫婦は，実態的にも「夫も世帯主，妻も世帯主」であるから，そうしても結構というわけだ。もっとも，子供が誕生すると，子供をどちらの世帯に入れるのか。やはり悩むだろうな……。

■半分離婚？

　私が相談にのったケースでは，こんなのがあった。夫婦仲が悪く，離婚を話し合っていた。2人とも，気持ちは50％以上離婚に傾いているのだが，まだ決断できない。

　「別居して，様子をみたら」

とアドバイスしたら，

　「別居するには，もう1つアパートを借りなければならない。お金がないので，別居できない」

と言う。

　ああでもない，こうでもない，そうでもない……話が延々と続く。ひょっとすると，夫婦喧嘩は犬も食わない，という格言のレベルかもしれない。となると，積極的に離婚を勧めると恨まれる可能性がある。要するに，離婚の決断はできない。別居の金もない。今のままじゃ，イヤ……というわけだ。

　「じゃ，どうするの？」

と聞いても

　「どうしたらいいのか，それを相談しているのじゃないの」

と言う。

　もう，面倒臭い気分で，たまたま，思いついたように，こう話した。

　「離婚ではないよ。世帯分離して，夫も世帯主，妻も世帯主という形にしたら」

そうしたら，どう理解したのか分からないが，えらく納得された。多分，「半分の離婚」とでも思ったのかもしれない。

その夫婦は，翌日には世帯分離をして，「夫も世帯主，妻も世帯主」となった。その後，風の便りに，離婚せず，喧嘩をしながらも同居している。まあ，何と申しましょうか，半分だけ，めでたし，めでたし……かな。

■「生計を共にする」とは何か

世帯とは，「居住及び生計を共にする者の集まり」である。「居住を共にする」は分かりやすいが，問題は「生計を共にする」とはどんな状態なのか。

「形式的標準はなく，個々の場合に生活の実質的関係に基づき，具体的に決めるほかない」ということなのだが，これではさっぱり分からない。そこで，私の独断と偏見で，無理やり形式的標準を求めてみた。

「生計を共にしていない」＝「生計は別々」と言うからには，

　　（a）それぞれに，それなりの収入がある。

　　（b）それぞれに，銀行通帳がある。

　　（c）それぞれの収入のうち，それなりの割合を配偶者の意向に関係
　　　　　なく自由に使うことができる。

　　（d）食事を別々に食べることが多い。

　　（e）表札は，同じ大きさで「○○太郎，○○花子」とある。姓だけ
　　　　　の表札，あるいは「○○太郎」だけの表札は，同一世帯を自認
　　　　　したことになる。

といったことがあれば，夫婦といえども「生計を共にしていないので，世帯分離」が成り立つのではなかろうか。ただし，市町村が実態を調べようにも（a）（b）（e）は調査できるが，（c）（d）は完全にプライバシーの範疇なので調査不能。だから，「生計を共にしていない」＝「生計は別々」と主張するには，少なくとも（a）（b）（e）は，必要だと思う。

なお，次のような夫婦の場合は，国民の大多数は「夫婦で，同居でも，世帯別々」を納得すると思う。

（あ）離婚調停・離婚裁判が進行中。

（い）タレント夫婦のように，同居といっても1ヵ月に数日しか一緒にいない。

（う）高齢者の結婚で，2人とも年金収入あり。2人とも再婚。いわば「茶飲み友達」夫婦。

4 世帯分離の方法

■役所の窓口で簡単にできる

実際問題として，佐藤幹男のようなケース，繰り返しになるが，「世帯主・佐藤幹男，妻，実父」の3人世帯を，「世帯主・佐藤幹男，妻」と「世帯主・実父」に世帯分離する場合，実に簡単にできる。役所の窓口の人が，申請者に「ああですか，こうですか」と質問することはめったにない。万一質問されたら，「生計を共にしていない。毎月，実父から食い扶持代として2万円もらっているだけ」と正直に告げれば，それですむ。さらに言えば，役所がそんなことで，手間隙かけて，質問攻め，実態調査をすることなど有り得ない。無茶苦茶心配性の人は，「実態調査されたら，どうしよう」と心配するが，事実生計を共にしていないのだから，なんら問題はない。

しかしながら，これだけは特段にご注意を。

役所の窓口で「社会保障の負担を軽くしたいので，世帯分離したい」と申し出る人がいる。これは，よろしくない。

役所の窓口の人は，「それは困ります。そんなことはできません」と言うと思う。

あくまでも，「生計を共にしていない」という実態があって，だから

「世帯分離」なのだ。その結果，派生的に「社会保障負担の減少」が生まれるのだ。

〈重要事項〉

正しい論理：「生計を共にしていない」実態　→　世帯分離　→　社会保障負担減少

間違い論理：「社会保障負担減少」目的　→　世帯分離

■住民基本台帳法

世帯分離は，法律ではどうなっているのか。

住民基本台帳法にちゃんと定められている。

この法律は，役所の人間以外は見ないものだ。暇な時間があったら，目次だけでも眺めてください。とは言うものの，内心，読んでほしい条文は第6条。

住民基本台帳法第6条

　市町村長は，個人を単位とする住民票を世帯ごとに編成して，住民基本台帳を作成しなければならない。

2　市町村長は，適当であると認めるときは，前項の住民票の全部又は一部につき世帯を単位とすることができる。

読めば，すぐ分かる。「個人を単位とする住民票」，すなわち「個人」が単位なのだ。個人が大原則なのだ。役所の便宜のため，個人を「世帯」ごとに編成するに過ぎない。このことは，非常に奥が深い話に発展してしまうので，ここでおしまい。

■住民基本台帳法第25条「世帯変更届」

さて，「世帯分離」に直接関係する条文は，第4章第25条の「世帯変更届」である。その条文は次のとおりである。

> **住民基本台帳法第 25 条　世帯変更届**
>
> 　第 22 条から第 24 条までの場合を除くほか，その属する世帯又はその世帯主に変更があった場合（政令で定める者を除く。）は，その変更があった日から 14 日以内に，その氏名，変更があった事項及び変更があった年月日を市町村に届け出なければならない。

　この条文の注釈をしてみる。法律というものは，なかなか条文だけを読んでも分かるような分からないような……代物である。税法なんて，条文を読んだら，「一読難解，二読誤解，三読不可解，四読奇怪」と，お手上げ。「国民を煙にまいて，税金を徴収するのかしら」と疑ってしまうくらい。税法に比べれば，この法律は，とても分かりやすい部類である。そうであっても，注釈が必要となる。その注釈を書くと，すぐに眠くなる文章になる。それで，エイ，ヤーと省略して，条文の「その属する世帯又はその世帯主に変更があった場合」だけに注目する。

　これは 2 つの場合，すなわち「世帯に変更があった場合」と「世帯主に変更あった場合」があるよ，ということ。そして，「世帯に変更があった場合」には，条文には直接書かれていないが，3 つのケースがある。

　① 　世帯分離

　② 　世帯合併

　③ 　世帯（構成）変更

という次第で，世帯分離が導き出される。要は，「法律上，世帯分離ができる」「世帯分離は正式な法律用語」ということを覚えておけばよい。

■異動届

　漢字の「異動」と「移動」はどう違うか。「異動」は人事異動のように地位や身分が変わることで，「移動」は空間的に移り動くことらしい。これまでの説明で明らかなように，世帯分離は空間的移動ではなく世帯主・世帯員の変更だから，「異動」なのだろう。

図表2−5　杉並区の異動届出書

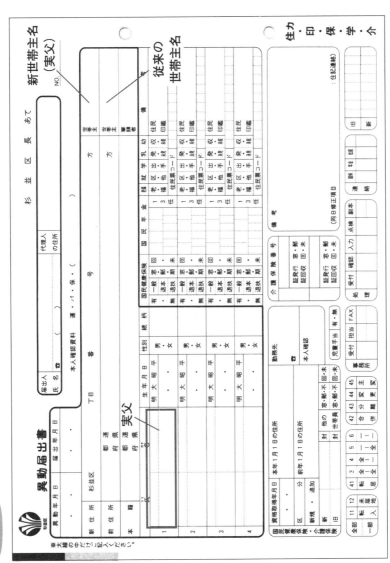

役所によっては，届出書の書類名が，「異動届」または「異動届出書」または「住民異動届」または「世帯変更届」など，いろいろだが，基本は「異動」または「世帯変更」の漢字である。注意しておきますが，「世帯分離届」とか「世帯分離申請書」という名称の書類を作成してある役所は，ありません。

　書類のデザインも役所によって違っている。それで，分かりやすいデザインのものもあれば，どこの欄に，どう書いてよいやら，なんだかよく分からないデザインのもある。

　分からなければ，窓口の係員に

　　「世帯分離の届出書類はどれですか」

　　「世帯分離はどう書くのですか？」

と尋ねれば，ちゃんと教えてくれる。

　窓口へ提出すれば，窓口に住民が並んでいなければ，すぐ終わる。これにて，一件落着。なお，手数料は無料。

　窓口へ提出すれば，それでOK……。これだけでは，なんとも不親切なので，注意点を4つ記しておく。

注意点①　世帯分離は，転居と間違えやすいので，役所の窓口で尋ねる場合は，はっきりと「世帯分離」と言う。役所の窓口でも，世帯分離はそんなに頻繁にあるわけではないので，なおのこと「世帯分離」とはっきり言う。

注意点②　法25条に「その変更があった日から14日以内に」とあるから，それを守る。

注意点③　国民健康保険の加入者は，被保険証を必ず持っていく。通常，これは提出を求められる。

注意点④　昨今，詐欺師が他人の住民票をとって悪用する事件があるので，窓口で本人確認をすることが多くある。だから，運転免許証などを持参する。もちろん，印鑑も必要。

あれこれ書いたが，結論は，「世帯分離の手続きは，とても簡単」ということ。弁護士，司法書士，行政書士に依頼するとか，そういう難しいレベルの話ではない。しかし，知らない人にしてみれば，「どうやって手続きするの？」と不安がる。

5 エピソード3つ

■聞くは一時の恥

某年某月某日。知人から尋ねられた。

「家内を役所に行かせたら，住民課の窓口の横の机にズラリといろいろな申請書があった，というの。よく見たが，世帯分離届とか世帯分離申請書とかいう書類はなかった，というの。それで，帰ってきたの。本当に，そんなことできるの？」

「どうして，その場で，役人に質問しなかったのですかね〜？」
と尋ねたら，

「やっぱり，半信半疑なの。おいしい話は，そんなにないから」
と言われた。

私は，ため息をついた。

世の中には，「聞くは一時の恥」を実行できなくて前に進めないことが，往々にしてあるものだ。

■見当違いの窓口

某年某月某日。知人から尋ねられた。

「世帯分離をするために役所へ行ったら，断られた」

びっくりして詳細を聞いたら，次のようなことだった。

その人は，姉（要介護3）と同居しているのだが，正直なところ「やむなく面倒をみている気持ち」も，若干わいてきた。そのため，役所で，ついつい，その気持ちを強調してしまったようだ。すなわち，「もう面倒を

みたくない。私は夜も寝られない。姉妹の縁を切って楽になりたい」と話したようだ。

たぶん，役所の人は「姉妹の縁を切ることはできません。そんなことはできません」とかなんとか言ったのだろう。

それにしても，住民票の窓口で，なぜ，そんな会話が発生したのだろうか。よく聞けば，高齢者福祉の窓口での会話であった。

「戸籍の身分」と「住民票の世帯」をごちゃごちゃにした話，しかも，見当違いの窓口，これでは事がスンナリいくわけがない。

住民票の窓口の人が，「なぜ，世帯分離をするのですか？」と尋ねることは，たぶんないと思うが，もし尋ねられても，「姉妹の縁を切りたい」といった戸籍法（身分）にからむことは，混乱を生むから言わない。あくまでも，住民票の話なので，その話をする。たとえば，「2人とも50歳を過ぎて，片方が世帯主というのも変ですから。それに，お金も別々ですし」と答えればすむ。

とにかく，戸籍法（戸籍謄本—身分）と住民基本台帳法（住民票—住所）を混同しては，いけません。

■田舎の老親を引き取る

某年某月某日。知人から尋ねられた。

「田舎に母親（89歳）が1人で暮らしている。東京で息子である私が暮らしている。母親の1人暮しが心配なので，東京へ呼び寄せ，同居することになった。この場合，住民票上，同一世帯にすべきか？」

原理原則は「生計を共にするか，どうか」であるが，そのことは，とりあえず，さておいて……，同一世帯であろうが，別々世帯であろうが，どちらでもよい。どちらが金銭的に得か——それが基準となる。一般的には，別々の世帯のほうが得である。なぜ得なのか。これは，佐藤幹男のケースと同じである。

第 3 章

介護保険は世帯分離で
負担激減

1 介護保険の概要

■保険料，公費，一部負担金

介護保険の基本的仕組みは，次のとおり。

① 毎月の保険料……介護の必要があろうがなかろうが，毎月保険料を支払う。

② 公費……保険料だけではお金が足りない。公費を投入する。

③ 一部負担金……実際に，介護を受けると，窓口で一部負担金（1割～3割）を支払う。

「一部負担金」の言葉であるが，窓口負担金，利用者負担金，自己負担金とも呼ばれたりする。しっかり区別すべきことは，実際の支払いに際しては，「保険給付の一部負担金」と「保険給付以外の支払い」があるということ。「一部負担金」は，保険給付に限定した単語だが，他の単語は，保険給付以外の支払いも含めて使用される場合がある。

■一部負担金，1割・2割・3割

介護サービスを受けると費用の一部を負担します。2015年までは，一律で1割だった。それが2016年から所得によって2割を負担する人が大勢出てきた。さらに，2018年8月からは3割に引き上げられた人が登場しました。

大雑把にイメージをつかむだけなら，

本人の合計所得金額が220万円以上……3割負担

本人の合計所得金額が160万円以上220万円未満……2割負担

本人の合計所得金額が160万円未満……1割負担

ということです。これは大雑把なイメージのことで，詳しくは，**図表3－1**「利用者負担の割合」を見てください。

くれぐれも，「合計所得金額」と「収入」を混同しないでください。

　何と申しましょうか，ものすごく漠然としたイメージならば，厚生年金受給者の場合，平均受給額は年間約180万円ですから，2割負担・3割負担の人は「厚生年金以外の収入が相当ある人」と言えます。杉並区の場合（2017年8月1日時点），1割負担の人が約2万人，2割負担の人が約5,500人でした。3割負担の人数は，「数百人かな？」と予想しています。

　一律1割だったのが，2割が出て，3割も出た。さすがに4割登場はないでしょうが，3割の対象者拡大は，すでに噂されています。たとえば「政令だけで，対象者拡大が可能というシステムになっている」と心配の声を聞きます。なんともはや，社会保障費の個人負担増加は現在進行形です。

図表3－1　利用者負担の割合

負担割合	所得基準
3割負担	●本人が住民税を課税されていて，本人の合計所得金額が，220万円以上 ・同一世帯に65歳以上の人（本人を含）が1人の場合，「課税対象年金収入＋その他の合計所得金額」が340万円以上（※①340万円未満は2割負担となる） ・同一世帯に65歳以上の人（本人を含）が2人以上の場合，「課税対象年金収入＋その他の合計所得金額」が463万円以上（※②463万円未満は2割負担となる）
2割負担	●上記「3割負担」の※①，※②の人 ●本人が住民税を課税されていて，本人の合計所得金額が，160万円以上220万円未満 ・同一世帯に65歳以上の人（本人を含）が1人の場合，「課税対象年金収入＋その他の合計所得金額」が280万円以上（※③280万円未満は1割負担となる） ・同一世帯に65歳以上の人（本人を含）が2人以上の場合，「課税対象年金収入＋その他の合計所得金額」が346万円以上（※④346万円未満は1割負担となる）
1割負担	●上記「2割負担」の※③，※④の人 ●本人が住民税を課税されていて，本人の合計所得金額が，160万円未満 ●本人が住民税を課税されていない。 ●生活保護受給者 ●65歳未満の人

■家計簿視点から

　介護保険の基本的仕組みを，家計簿視点から見る。

①　毎月の保険料……安くならないか。

②　公費……直接，家計簿には関係なし。

③　保険給付の一部負担金（1割〜3割）……1割といっても，月額4万，5万のケースもある。こうした高額負担の場合，負担上限額が決められている。この負担上限額が安くならないか。

④　保険給付以外の支払い……施設利用の場合，居住費や食費の負担がデカイ。安くならないか。

　結論を言えば，世帯分離によって，安くなるケースが多い。

2 毎月の保険料が，年額3万4,980円（月額2,915円）安くなった

■各自治体で保険料に差がある

　介護保険の毎月支払う保険料は，第1号被保険者と第2号被保険者に分かれ，別々の計算方法，徴収方法になっている。

　第1号被保険者（65歳以上）……住民税の課税状況などに応じて，数段階（多くは10段階前後）の保険料になっている。具体的な段階数と金額は，それぞれの市区町村の条例で決められている。そして，3年に1回改正される。東京都杉並区の図表を掲載したが，どの市区町村でも，おおよそ似た図表と思ってよい。

　徴収方法は，年金が18万円以上は「年金天引き」（特別徴収）である。

　第2号被保険者（40歳以上65歳未満）……加入している医療保険（国民健康保険，組合健保，協会けんぽなど）の計算方法により決まる。医療保険医療分と後期高齢者医療支援金に，介護分を上乗せして，1つの保険

料として徴収される。

■世帯分離前と世帯分離後

　3人家族の佐藤幹男の場合は，どうなったか。佐藤幹男は年収400万円で，必要経費（給与所得控除）を引き算した所得は266万円である。妻は年収100万円，実父（88歳）は年金収入36万円。

[世帯分離前]

　3人世帯の場合，実父は，**図表3－2**「杉並区の第1号被保険者（65歳以上）の介護保険料」のどの段階にあるか？

　ハイ，ピン・ポーン。「第4段階」である。

　第4段階の対象者は，

　「本人が区民税非課税で，他の世帯員が区民税課税であり，本人の合計所得金額と課税年金収入額の合計が80万円以下の方」

となっている。区民税とは，市なら市民税，町なら町民税，村なら村民税のことである。

　実父（本人）は年金収入36万円だけだから，計算するまでもなく，「本人が区民税非課税」である。

　佐藤幹男は所得266万円であるから，計算は省略するが，間違いなく区民税が課税される。よって，「他の世帯員が区民税課税」の文章に該当してしまう。

　そして，実父（本人）は年金収入36万円だけだから，「本人の合計所得金額と課税年金収入額の合計が80万円以下」に該当する。

　よって，実父は第4段階である。

　第4段階の介護保険料は，年間6万3,000円（月額5,250円）である。

[世帯分離の後]

　3人世帯の佐藤家は，次のように世帯分離をした。

図表3−2 杉並区の第1号被保険者（65歳以上）の介護保険料

（令和元年度）

段階	対象者	保険料年額（月額）
第1段階 基準年額×0.38	○生活保護受給の方 ○世帯全員（1人世帯を含む）が住民税非課税で本人が老齢福祉年金受給の方または本人の合計所得金額と課税年金収入額の合計が80万円以下の方	年28,020円 （月2,335円）
第2段階 基準年額×0.53	世帯全員（1人世帯を含む）が住民税非課税で本人の合計所得金額と課税年金収入額の合計が80万円を超え，120万円以下の方	年39,300円 （月3,275円）
第3段階 基準年額×0.76	世帯全員（1人世帯を含む）が住民税非課税で本人の合計所得金額と課税年金収入額の合計が120万円を超える方	年56,340円 （月4,695円）
第4段階 基準年額×0.85	本人が住民税非課税で他の世帯員が住民税課税であり，本人の合計所得金額と課税年金収入額の合計が80万円以下の方	年63,000円 （月5,250円）
第5段階 基準年額	本人が住民税非課税で他の世帯員が住民税課税であり，本人の合計所得金額と課税年金収入額の合計が80万円を超える方	年74,400円 （月6,200円）
第6段階 基準年額×1.06	本人が住民税課税の方 （合計所得金額125万未満）	年78,600円 （月6,550円）
第7段階 基準年額×1.19	本人が住民税課税の方 （合計所得金額125万円以上200万円未満）	年88,800円 （月7,400円）
第8段階 基準年額×1.40	本人が住民税課税の方 （合計所得金額200万円以上300万円未満）	年104,400円 （月8,700円）
第9段階 基準年額×1.61	本人が住民税課税の方 （合計所得金額300万円以上500万円未満）	年120,000円 （月10,000円）
第10段階 基準年額×1.89	本人が住民税課税の方 （合計所得金額500万円以上700万円未満）	年140,400円 （月11,700円）
第11段階 基準年額×2.20	本人が住民税課税の方 （合計所得金額700万円以上1,000万円未満）	年163,800円 （月13,650円）
第12段階 基準年額×2.50	本人が住民税課税の方 （合計所得金額1,000万円以上1,500万円未満）	年186,000円 （月15,500円）
第13段階 基準年額×2.70	本人が住民税課税の方 （合計所得金額1,500万円以上2,500万円未満）	年201,000円 （月16,750円）
第14段階 基準年額×3.00	本人が住民税課税の方 （合計所得金額2,500万円以上）	年223,200円 （月18,600円）

「佐藤幹男（世帯主），妻（世帯員）」の２人世帯。

「実父（世帯主）」の単身世帯。

この条件で，実父は，**図表３－２**の「どの段階」にあるか？

ハイ，ピン・ポーン，そのとおり。「第１段階」である。

第１段階の対象者は，

「世帯全員（１人世帯を含む）が区民税非課税で，本人の合計所得金額と課税年金収入額の合計が80万円以下の方」

となっている。

実父は単身世帯になったから，「世帯全員（１人世帯を含む）が区民税非課税」に該当する。ならびに，実父の収入は年金36万円だけだから，「本人の合計所得金額と課税年金収入額の合計が80万円以下」に該当する。

よって，実父は「第１段階」である。

第１段階の介護保険料は，年間２万8,020円（月額2,335円）である。

あとは簡単な引き算。

年間６万3,000円（月額5,250円）－ 年間２万8,020円（月額2,335円）
＝年間３万4,980円（月額2,915円）

実父の介護保険料は，年間３万4,980円（月額2,915円）安くなったのである。

■介護保険料の減免制度

介護保険料には，低所得者向けに「軽減制度」と「減免制度」があります。**図表３－２**をご覧ください。第５段階が基準年額です。第１～第４段階が割引になっています。これを「軽減制度」といいます。これは，役所が自動的に行ってくれますので説明の必要はありません。しかし，「減免制度」は，低所得者が「申請」しなければなりません。減免制度は大雑把に言って，「災害」と「生活困難」のケースがあります。「災害」のほうは，大きな災害が発生すると役所が盛んにPRしますが，「生活困難」のケー

スはあまり知られていません。

　簡単に言いますと，第1～第3段階で「生活が著しく困難」（＝生活保護基準の100分の115％以下）の人は，他の要件がOKならば保険料が半額になります。「生活保護基準の100分の115％以下」と書いてもピンとこないので，おおまかなイメージ額・目安額は，「1人世帯…収入150万円以内」「2人世帯…200万円以内」「3人世帯…250万円以内」「4人世帯以上…1人増えるごとに50万円を加える」ということです。

　他の要件としては，預貯金等の金額が，「1人世帯…350万円以下」「2人世帯…450万円以下」「3人世帯…550万円以下」「4人世帯以上…1人増えるごとに100万円を加える」ということです。

　それ以外の要件は，所得税や医療保険で誰かの扶養になっていない，自宅以外の不動産を所有していない，介護保険料を滞納していない，などがあります。

　杉並区では毎年400人前後が減免になっています。

　なお，予告編ですが，国民健康保険，後期高齢者医療保険料にも，「軽減制度」と「減免制度」があります。「軽減制度」はしっかり機能していますが，「減免制度」は，多くの市区町村において「制度はあれども利用者なし」という「世にも不思議な物語」になっています。

3 施設の利用者負担金が，1ヵ月当たり月8万円安くなった

■介護給付（介護サービス）の概要

　介護保険制度では，介護給付（介護サービス）を受ければ，基本的に介護給付（介護サービス）費の「1割～3割の一部負担金」がある。

　介護給付サービスは，大別して3つに分類される。

① 在宅サービス……訪問介護，デイサービス，ショートステイなど。

② 施設サービス……4種ある。特別養護老人ホーム，老人保健施設，介

護療養型医療施設，介護医療院。介護療養型医療施設は漸次，介護医療
院へ移行する方針です。

③　地域密着型サービス……夜間対応型訪問介護，認知症対応型通所介護，
小規模多機能型居宅介護，認知症対応型共同生活介護（グループホーム）
なお，介護保険制度には，介護給付（介護サービス）の他に，介護予防
給付（介護予防サービス）がある。

図表3−3　施設サービス費の一覧（月額概算）

	施設サービス費 （要介護度，居室の形態，所在地，規模などで異なる）	利用者の一部負担金
特別養護老人ホーム	約19万円〜28万円	左の1割〜3割
介護老人保健施設	約26万円〜33万円	左の1割〜3割
介護療養型医療施設	約25万円〜42万円	左の1割〜3割
介護医療院	約27万円〜45万円	左の1割〜3割

■高額介護サービス費でもメリット発生

介護保険は，介護でサービスを受けた費用の1割〜3割を自己負担する。
これを一部負担金という。1割〜3割といっても，施設サービスを受けた
場合など，かなり大きい負担額になる。そこで，「利用者の負担上限額」
が決まっている。「ひと月当たり，所得に応じた利用者の負担上限額」が
決まっており，これを超えた場合，いったん窓口で1割〜3割分を払って
も，後日，負担上限額を超えた金額が，「高額介護サービス費」として支
給される。これは，医療保険の高額療養費と同じ発想である。

さて，先に「一部負担金」の個所で，従来は一律1割だったものが，所
得によっては2割負担の人が出て，そして2018年8月からは3割負担の
人も登場した，と述べました。つまり，負担増が実行された。

実は，その前年の2017年（平成29年）8月からは，高額介護サービス
費に関しても負担増が実行されていた。**図表3−4**の4万4,400円は，そ

れ以前は3万7,200円だったのだ。

負担増はさらに，2020年8月からも目論まれている。というのは，**図表3－4**の中の文章に書いたように，1割負担の世帯は，2020年7月までは，3万7,200円（年間上限額44万6,400円）であるが，2020年8月からは，月4万4,400円になります。

毎年のように，公的介護保険・公的医療保険のどこかの部分で個人負担額は増加している。頻繁すぎるので，変化についていくだけでも大変です。愚痴をやめて，世帯分離で負担増をいささかなりとも回避しましょう。

図表3－4 高額介護サービス費が支給される利用者の負担上限額

（2017年8月から）

区分	負担上限額
現役並み所得者	世帯　4万4,400円
一般世帯 （世帯のどなたが住民税を課税されている）	世帯　4万4,400円 （1割負担の世帯は，2020年7月までは，年間上限額44万6,400円，月額3万7,200円。）
世帯全員が住民税非課税	世帯　2万4,600円
世帯全員が住民税非課税。そして合計所得金額と課税年金収入額が80万円以下	世帯　2万4,600円 個人　1万5,000円
生活保護受給者	個人　1万5,000円

※現役並み所得者とは，同一世帯に課税所得145万円以上の第1号被保険者（65歳以上）がいて，収入が1人の場合383万円以上，2人以上520万円以上の方。どうか，「所得」と「収入」の違いをしっかり分かって読んでください。さもないと，意味不明になります。
※障害年金，遺族年金は課税年金ではない。

佐藤幹夫の実父が，施設サービスを受けた場合の一部負担金は，1割・2割・3割のどれかか，というと1割です。一部負担金が1割といっても，**図表3－3**を見れば分かるように，月額3～4万円となる。仮に，一部負担金を3万円として，以下検証してみます。

［世帯分離前：3人世帯］

3人世帯だと，**図表3－4**「高額介護サービス費が支給される利用者の

負担上限額」の「一般世帯」にランクされる。負担上限額は３万7,200円（2020年７月まで）。したがって，まるまる３万円の利用者負担となる。

[世帯分離後：１人世帯]

しかし，実父の単身世帯になってしまえば，実父の収入は年金36万円だけであるから，「住民税非課税」の「合計所得金額と課税年金収入額の合計が80万円以下の方」に該当するから，負担上限額は，１万5,000円となる。

したがって，３万円をいったん窓口で支払っても，申請すれば，あとから差額１万5,000円が戻ってくる。なお，申請書は送られてくる。

なお，念のため。上記モデルは施設サービスであるが，「負担上限額」の制度は，施設サービスに限った話ではない。介護給付（介護サービス）全部に共通する。

■「居住費・食費」が安くなった

だが，皆の衆，世帯分離の威力は，まだまだある。施設サービスを受けた場合，つまり施設に入所した場合，

①介護施設サービス費の１割〜３割……モデルの佐藤幹男の実父は１割。

②居住費全額

③食費全額

④日常生活費（理容，美容など介護保険外。モデルの場合，仮に１万円とする）の合計を施設に支払う。

さて，「①介護施設サービス費の１割〜３割」は，これは介護保険本来のものである。問題は，「②居住費全額」と「③食費全額」である。これは，**図表３−５**「低所得者の居住費・食費の負担限度額」と「基準費用額の目安」を見てください。低所得者は，居住費・食費が大幅に安くなるのだ。

それでは，佐藤幹男の家は，世帯分離の前後で，どうなったか。施設サービスでは「ユニット型個室」を利用したケースで考える。

図表3−5 「低所得者の居住費・食費の負担限度額」と「基準費用額の目安」
特別養護老人ホームとショートステイの場合

段階	対象者	居住費等の負担額（1日分）度額				食費の限度額（1日分）
		ユニット型個室	ユニット型個室的多床室	従来型個室	多床型	
第1段階	生活保護受給の方または世帯全員が区民税非課税で本人が老齢福祉年金受給の方	820円	490円	490円（320円）	0円	300円
第2段階	世帯全員（1人世帯を含む）が区民税非課税で本人の合計所得金額と課税年金収入額の合計が80万円以下の方	820円	490円	490円（420円）	370円	390円
第3段階	世帯全員（1人世帯を含む）が区民税非課税で本人の合計所得金額と課税年金収入額の合計が80万円を超える方	1,310円	1,310円	1,310円（820円）	370円	650円
基準費用額	施設の平均的費用（1日当たり）施設と利用者の契約で決められ，水準が決まっている	1,970円	1,640円	1,150円	840円	1,380円

（注）老人保健施設とショートステイの場合，従来型個室は（　）内の金額。

［世帯分離前］

　佐藤幹男・妻・実父の3人世帯だと，「基準費用額」を負担することになる。したがって，居住費は月額6万1,070円（1,970円×31日），食費は4万2,780円（1,380円×31日）となる。

［世帯分離後］

　世帯分離して，実父は単身世帯となった。すると，「第2段階」に位置づけられる。したがって，居住費は月額2万5,420円（820円×31日），食費は1万2,090円（390円×31日）となる。

　ということで，総合計で，世帯分離前は，「①3万円＋②6万1,070円＋③4万2,780円＋④1万円（日常生活費）＝14万3,850円」だった。

　それが，世帯分離後は，「①1.5万円＋②2万5,420円＋③1万2,090円＋

④1万円（日常生活費）＝6万2,510円」となったのだ。

　　世帯分離をしていない……14万3,850円

　　世帯分離をすると…………6万2,510円

引き算すると，なんと，月額8万1,340円，安くなった。

「信じる者は救われる〜〜」なんて，思わず賛美歌を口ずさむような金額である。「知らないということは，損をすることである」と，誰かが言っていたが，まさしく，そのとおり。もっとも，こうしたことは，誰も知らない。だから，知れば，万歳三唱。

■4種の施設があるが……，ショートステイでも効果抜群

　介護保険の施設サービスには，「介護老人福祉施設（特別養護老人ホーム，略して「特養」）」「介護老人保健施設」「介護療養型医療施設（介護型療養病床）」「介護医療院」の4種がある。

　「特養」への入所とは，これは「終の棲家」であるから，「住民票」を施設へ移すこともある。この場合，「世帯分離」の手続きでなく，「転居届」によって自動的に世帯が分離される。もちろん，諸般の事情で転居届が嫌ならば，「世帯分離」でもよい。

　「介護老人保健施設」は，通常3ヵ月の短期の入所。これは，転居でなく「世帯分離」を真剣に検討すべきだ。なんと言っても，月額約8万円も違うのだから。

　「介護療養型医療施設（介護型療養病床）」「介護医療院」の入所は，普通は数ヵ月ではなく1年以上の入所を想定している。でも，退院して自宅に戻ってくるつもりだから，「転居届」も「世帯分離」もしない人がいる。月額約8万円も違うのだから，「転居届」か「世帯分離」を検討したほうがよいと思う。

　なお，施設サービス以外でも，居宅サービスのショートステイは，「世帯分離」の効果が大いに発生する。

■夫婦の施設での世帯分離メリットを制限した

　たぶん，世帯分離がそれなりに流行ったことが原因と想像しますが，国は「夫婦の世帯分離メリット」を，2015年から制限した。

　佐藤幹夫の実父の世帯分離は，「親子の世帯分離」であるから無関係です。あくまでも「夫婦」のケースです。たとえば，B夫婦のケース。80歳の夫は年金と別途収入で年間400万円ある。79歳の妻は年金が年間36万円だけ。そして，妻は特別養護老人ホームへ入所した。2015年以前は，世帯分離すれば，佐藤幹夫の実父と同様のメリットがあったが，メリットが制限されてしまった。

　もう少し詳しく書いておきます。

　「施設」を利用した場合，低所得者は申請により，「介護保険負担限度額認定証」を交付されます。「負担限度額認定証」の対象者は，次の①と②の2つの要件すべてに該当する人です。

①所得要件

　住民税非課税世帯。ただし，課税世帯や**別の世帯の配偶者が課税されている場合**は，対象になりません。

②資産要件

　預貯金等が単身で1,000万円以下，**夫婦で2,000万円以下**である。

　B夫婦に関して言えば，かつては世帯分離すれば単純に佐藤幹夫の実父と同様のメリットがあったが，現在では世帯分離しても「居住費と食費が安くなるという負担限度額」のメリットがなくなった。

　なお，高齢者夫婦で1人が施設入所しその費用を負担したことで，在宅の人が一定金額以下となってしまうケースは，居住費と食費が安くなることがあります。

■その他の軽減策

市区町村の中には，保険料や介護保険サービス費に関して，独自の軽減策を講じているところもある。だから，市区町村のパンフレットを，スミからスミまで読んでほしい。知らないと，損をするかもしれないから……。

それから，市区町村では，介護保険以外の諸サービスを行っている。たとえば，おむつの現物（または現金）支給などがある。これなども，所得によって無料になったりする市区町村が多々ある。佐藤家の実父の例でいえば，３人世帯ならば「お金がかかる」が，世帯分離して低所得世帯になれば，「無料」となる……そんなことがある。

4 世帯分離のマイナス点

■家族で２人が要介護になった

基本的に世帯分離をしても損はない。しかし，マイナス点もある。それは，家族に２人以上の要介護者がいる場合は注意を要する。

図表３－４「高額介護サービス費が支給される利用者の負担上限額」を，再度見ていただきたい。負担上限額は，「世帯」でカウントされるからである。つまり，世帯に介護サービスを受ける要介護者が１人でも２人でも３人でも，負担上限額が同じである。

１世帯に２人も３人も要介護者がいたら大変だ。そこで，「世帯でカウントする割引」となったのだ。

たとえば，95歳祖父が要介護（低所得），75歳母元気（低所得），45歳息子（年収500万円）の３人世帯の場合，「95歳祖父」と「75歳母・45歳息子」の世帯分離でメリット発生。しかし，75歳母が急に要介護になった。そうなると，この世帯分離では「負担上限額」の点からマイナスになる。だから，「95歳祖父・75歳母」と「45歳息子」に世帯変更するのがベターだ。

家族に２人以上の要介護者がいたら超大変だ。だから，世帯の構成をどう組み合わせるか，が重要になる。Ａなる世帯構成ならば，Ｂなる世帯構成ならば……，それぞれの場合，

- 「保険料」（個人と世帯の組み合わせで計算）はどうなるか，
- 「負担上限額」（世帯でカウント）はどうなるか，
- 「居住費・食費」（個人個人でカウント）はどうなるか，

それらを計算して，判断しなければならない。さもないと，「世帯分離」がマイナスになってしまう。もっとも，大損と判明したら，さっさと「世帯合併」なり「世帯変更」をすればよい。「せこい」ようだが，家計防衛のためには，やるべし。見栄や体裁では，家計防衛は果たせない。

　根源的には，「家族の絆」は，「役所に登録されている住民票」よりも重いのだ。

5 高額医療・高額介護合算制度がスタートしたが……

■同一世帯で同一医療保険ならば……

　前述のように，介護保険では，同一世帯内に複数の高額要介護者がいる場合は，負担上限額を「世帯」でカウントする「割引」制度がある。また，国民健康保険でも，同一世帯内に複数の高額医療患者がいる場合は，「世帯」でカウントする「割引」制度となっている。あるいは，後期高齢者医療制度でも，同様だ。

　しかし，同一世帯内で，１人は高額要介護者，もう１人は高額医療患者がいる場合は，保険制度が別々という理由で，２人まとめて世帯でカウントする「割引」制度がなかった。あるいは，同一人物で高額介護費・高額医療費の場合，それぞれの割引はあっても「まとめての割引」はない。

　それは不条理ということで，2008 年（平成 20 年）4 月から，後期高齢

者医療制度のスタートに合わせて、「高額医療・高額介護合算制度」が創設された。内容は、「同一世帯で、同一医療保険制度ならば、介護と医療という別制度でも、世帯ごとにカウントする大割引」である。3つに分類できる。

同一世帯で、同一医療保険制度であるならば、
- 「後期高齢者医療制度で高額（75歳以上）＋ 介護保険で高額」のケース
- 「被用者保険または国保で高額（70歳〜74歳のみ）＋ 介護保険で高額」のケース
- 「被用者保険または国保で高額（70歳未満を含む）＋ 介護保険で高額」のケース

の3ケースで「合算の割引」制度が創設された。

はっきり言って、高額医療・高額介護合算制度は、非常に複雑な仕組みになっています。たとえば、**図表3−6**を眺めても、「70歳未満の人がいる世帯」は「賦課基準額」で区分しますが、「70〜74歳の人がいる世帯、後期高齢者医療制度で医療を受ける人がいる世帯」では「課税所得」で区分されます。どうして、わざわざ「違う所得」にしたのか、さっぱり分かりません。

一応、ラフに説明しておきます。「賦課基準額」は、「所得−基礎控除額33万円」です。そして世帯全員の金額で判定します。「課税所得」は、「所得−（基礎控除33万円＋扶養控除など他の所得控除全部）」です。そして世帯全員の金額で判定します。

役所のパンフレットやインターネットの情報で高額医療・高額介護合算制度の詳細を知ろうなんて考えないでください。概略を知ったら、役所の窓口で相談してください。合算制度の1年間とは8月〜翌年7月末で計算します。その間、たとえば、父は特養にズ〜ッと入所（高額介護）、母は病院へ長期入院（高額医療）といったケースです。あるいは、父は在宅で介護保険のサービスを受けている（高額介護）、母も○○病でずっと通院し

ている（高額医療）といったケースです。

　とにかく，1人が高額医療，もう1人は高額介護になったら，すぐに役所の窓口に相談に行きましょう。世帯分離しているメリットよりも合算制度のメリットのほうが大きければ，ためらうことなく「世帯合併」を考えましょう。

図表3－6 高額医療・高額介護合算制度における世帯の負担限度額（年間で計算）

所得 （※賦課基準額）	70歳未満 の人がいる 世帯	所得（※課税所得） 平成30年8月 算定分から		70～74歳 の人がいる 世帯	後期高齢者医療 制度で医療を受ける 人がいる世帯
901万円超	212万円	現役並み 所得者 （課税額 145万円 以上	課税所得 690万円以上	212万円	212万円
600万円超 901万円以下	141万円		課税所得 380万円以上	141万円	141万円
210万円超 600万円以下	67万円		課税所得 145万円以上	67万円	67万円
210万円以下	60万円	一般 （課税所得145万円未満）		56万円	56万円
低所得者 （住民税非課税）	34万円	低所得者 （住民税非課税）	Ⅱ	31万円	31万円
			Ⅰ	19万円	19万円

■設計ミス

　同一世帯で複数の人が高額な医療費，高額な介護費を窓口負担せねばならない場合のため，「世帯ごとカウントの割引」制度が創設されたことは，とても良いことだ。

　しかし，重大な基本設計ミスがある。

　「同一世帯で同一医療保険ならば介護保険と医療保険の組み合わせだけ」の場合だけなのだ。この条件に当てはまらないと，割引が生じない。具体例を1つだけ紹介しよう。

　夫（75歳）と妻（70歳）の老夫婦（同一世帯）の場合。夫（75歳）は後期高齢者医療制度，妻（70歳）は国民健康保険，つまり，同一医療保険制度ではない。夫（75歳）が高額の後期高齢者医療制度医療費を支出，妻

（70歳）が高額の介護サービス費を支出。このケースは，同一医療保険制度ではないので，「合算の割引」は適用されない。

　どうして，こんな中途半端な制度をつくってしまったのだろう。従来は，介護保険だろうと医療保険だろうと，異なる保険間の合算はなかった。ところが，新制度では一部の組み合わせだけは，「合算の割引」を認めるようになった。取り残された組み合わせをどうするのか？　それにしても，この制度がスタートしたとき，誰も設計ミスを追及しなかったのは不思議だった。

　そんなことをぼやいていたら，「社会保障・税一体改革大綱」（平成24年2月17日閣議決定）には，「総合合算制度」を創設とある。その文章では，「税・社会保障の負担が増加する中で，低所得者の負担軽減により所得再分配機能を強化する。そのため，制度単位ではなく家計全体をトータルに捉えて，医療・介護・保育等に関する自己負担の合計額に上限を設定する『総合合算制度』を創設する」

　と，医療と介護だけでない，社会保障全般にわたる「総合合算制度」をドーンと打ち出している。しかし，何と申しましょうか，何となくまだ問題提起というレベルのようだ。

　蛇足ながら，問題提起構想ならば，「負の所得税」や「ベーシックインカム（BI）」もときどき話題になっている。

第4章

国民健康保険の負担も
軽くなる

1 医療保険の概要

■公的医療保険の種類

①国民健康保険（略称は「国保」）…［地域保険］

- 「市町村国保」＜約 3,600 万人＞
- ……同一地域（市区町村）ごとに形成されている。無職者・退職者・自営業者・農林漁業者・5 人未満事業所の従業員などが加入する。以下，特段の断りが無い限り，「国民健康保険」・「国保」とは，「市町村国保」をいう。
- 「国保組合」＜約 300 万人＞
- ……自営業者の中でもまとまりが強い業種ごとに形成されている。開業医，薬剤師，土建，理容，芸能人，青果，酒販などである。約 160 組合あり，財政力が強い。

②被用者保険 …［職域保険］

- 「全国健康保険協会管掌健康保険」（略称は「協会けんぽ」）＜約 3,600 万人＞
- ……主に，中小企業（5 人以上の従業員）を対象。都道府県ごとに 47 支部が組織されている。財政は，市町村国保ほどではないが苦しい。
- 「組合管掌健康保険組合」（略称は「組合健保」「健保組合」「組合管掌」などいろいろ）＜約 2,900 万人＞
- ……主に，大企業グループごとに組織されている。約 1,400 組合あるが，減少傾向。
- 「各種共済」＜約 860 万人＞
- ……「国家公務員共済組合」「地方公務員共済組合」「私学教職員共済組合」がある。

- 「船員保険」＜約12万人＞
- 「健康保険法第3条第2項」（通称「日雇健保」）＜約2万人＞
……日雇，2ヵ月以内の雇用など。

③後期高齢者医療制度（長寿医療制度）＜約1,690万人＞
……2008年（平成20年）4月1日からスタート。75歳以上全員が加入。

　　スタート直後，大反対世論勃発。その結果，中味は相当改善された。

　　後期高齢者医療制度に関しては，次の第5章で説明する。

なお，民間医療保険は，おまけ・付録であると認識すべきだ。お金にたっぷり余裕のある人は，お入りなさい。

■公的医療保険の将来像

　公的医療保険には各種あるが，最大の問題は「国民健康保険（国保）がどうなるか？」である。であるから，各種の公的医療保険の中の1つである国民健康保険（国保）に絞って話を進めることにする。

　最初に一言。

　あっさり言って，国民健康保険を含めて公的医療保険は「現在変革進行中」と思ったほうがよい。「現在変革進行中」だが，将来像の方向性は，以下に列記した方向だろうと思う。もちろん，「逆コース」の可能性もある。

①国民皆保険は死守。でも，皆保険からこぼれ落ちる人が激増中。

②国民健康保険と被用者保険の並立。

③非正規労働者を国保から被用者保険へ移行。

　　非正規労働者の社会保険は，医療保険は「国保→被用者保険」，年金保険は「国民年金→厚生年金」，雇用保険は「なし→加入」にチェンジする。民主党政権時代に，3保険に関して一挙に推進しようと目論んだが，いろんな圧力のためスピードダウンになった。しかし，ゆ

っくりではあるが，今も，進行はしている。

④国民健康保険は，厚労省も認めるように，医療の必要性が高い無職者・低所得者の加入が激増し，構造的問題をかかえている。一応，国の財政的支援の拡充がなされた。また，都道府県が財政運営の責任主体となった。しかしながら，医療保険の関係者全員が「どうなることやら……」と心配している段階である。

■国保の基本の仕組み

国民健康保険（国保）の実態は，いわば「現在変革進行中」で，ぼんやりしていると東西南北不明のジャングルに迷い込んだ感がしてしまう。そうではあるが，基本の仕組みはシンプル。

①毎月の保険料……加入者は，医療の必要性の有無にかかわらず，毎月，保険料を支払う。自治体によっては，国保税のところもある。「料」でも「税」も同じと覚えておけばよい。

②公費……保険料だけではお金が足りないので，公費を投入する。公費とは，国・都道府県からの負担金・交付金をいう。稀に，市町村からの繰入金を含めていう場合もある。

③一部負担金……実際に，医療を受けると，窓口で一部負担金（原則3割）を支払う。

国保ジャングルの中でも，最大ジャングルは財政であるが，一応，「国保財政の基本数式」を示しておきます。

国保財政の基本数式は，

　　［医療費］－［一部負担金］＝［保険料］＋［公費］

　　　　　　　　（保険料：公費＝50：50）

である。

　しかし，近年の基本数式は大幅に変更され，概略は，次のようになっている。

［医療費］－［一部負担金］－［一般会計繰入金］－［前期高齢者交付金］＝［保険料］＋［公費］

（保険料：公費＝50：50）

※前期高齢者交付金とは，前期高齢者（65～74歳）の加入者割合が全国平均より低い保険者から加入者割合が高い保険者に交付する。平成20年度から実施。

■家計簿視点から

国保の基本的仕組みを，家計簿視点から点検・整理してみた。

①毎月の保険料……安くならないか。★安くなるケースもある。

②公費……直接，家計簿には関係なし。

③保険給付の一部負担金（原則3割）…3割負担といっても，月額10万，20万のケースもある。こうした高額負担の場合，月間の負担上限額が決められている。この負担上限額が安くならないか。★安くなるケースもある。

④保険給付以外の支払い

• 入院中の食費……安くならないか。★安くなるケースもある。

• 差額ベッド代……「大部屋（5人以上）ならば，なし」，「差額ベッド代は，患者の意に反して請求してはならない」を知れば，大安心。

• その他の雑費……「おむつ代」が問題だが，誰も何も言わない。

• 先進医療……基本的に，先進医療とはお金を全額自己負担して実験台になること。先進医療だから必ず成功するとは限らない。お金持だけの話だが，医師とよく相談を。

② 国保の保険料率の決め方は，超複雑

■誰も分からない，知らない……ホントだよ

国保の保険料率の決め方は，これは，もう大変複雑。しかも，市区町村によって決め方が異なる。大半の住民は，役所・議会が決めた保険料率は知らされているから，保険料率からの計算はできても，保険料率の成立根拠はまったく分からない。要するに，住民は保険料を「分からず，知らず，払っている」のだ。日本は本当に民主主義国なのかしら……。そんな問題意識があって，面倒ながら，少々お付き合いを。

国保の保険料（税）は，「基礎分（医療分）」と「後期高齢者支援金分」と「介護保険分」から成り立っている。このことは，全国共通である。そして，以下は「基礎分（医療分）」だけの話である。

■第1段階：医療費総額を予想し，保険料総額（賦課総額）を決める

まず，来年の「医療費総額」を推定する。それから，前段に述べた数式によって，「保険料総額」（賦課総額）を決める。

> ［医療費］－［一部負担金］－［一般会計繰入金］－［前期高齢者交付金］＝［保険料］＋［公費］
> 　　　　　　　（保険料：公費＝50：50）

■第2段階：賦課方式を決める……2方式・3方式・4方式を選択

市区町村は，保険料を設計するために，第2段階として，賦課方式を，次の3種類の中から，いずれかを選択する。東京23区など大都市部では，

２方式が多い。全国的には，３方式，４方式が多い。

> ２方式（所得割＋均等割）
>
> ３方式（所得割＋均等割＋世帯別平等割）
>
> ４方式（所得割＋均等割＋世帯別平等割＋資産割）

「世帯別平等割」……略して「世帯割」とか「平等割」と表現されることが多い。１世帯当たり何円と決める。

「資産割」……固定資産税に基礎を置くが，所得はあるが資産無し世帯は負担減，所得はないが資産のある世帯は負担増。「不動産資産を持つが低所得層」に負担が重い。

「均等割」……被保険者１人当たり何円と決める。均等割が高くなると低所得層の負担増。

「所得割」……所得が極めて少ない人はゼロになる。

図表４－１　政令指定都市の賦課方式

賦課方式	政令都市名
２方式	仙台市，さいたま市，横浜市，名古屋市，東京23区
３方式	札幌市，千葉市，川崎市，相模原市，新潟市，静岡市，浜松市，京都市，大阪市，堺市，神戸市，岡山市，広島市，北九州市，福岡市，熊本市
４方式	なし

■第３段階：賦課割合を決める

　２方式，３方式，４方式のどれかを選択した後，賦課割合を決める。国の標準割合は，「応能割（所得割・資産割）：応益割（均等割・世帯別平等割）＝50：50」となっている。そして，応能割内部の国の標準割合は「所得割：資産割＝40：10」，応益割内部の標準割合は「均等割：世帯別平等割＝35：15」となっている。「標準割合」であるから，市区町村が独自に割合を決める。

　一般論では，応能割の比率が高いほど低所得者は有利となる。

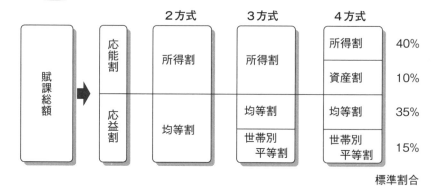

図表4−2　国保料の賦課方式と賦課割合（標準割合）

標準割合

■第4段階：所得割の算定基礎を決める……旧ただし書き方式に統一

　所得割の算定基礎を何にするか。従来は5パターンがあり、その中の1つを選択していた。

- 税額（納税額）に着目した
  ①市区町村民税方式
  ②住民税方式（市区町村民税＋都道府県民税）
  ③市区町村民税所得割方式
- 課税所得に着目した
  ④旧ただし書き方式（昭和36～38年の地方税法で用いた課税所得金額）
  ⑤課税所得方式

　厚労省は2013年度（平成25年度）には、④の「旧ただし書き方式」に一本化する方針を固め、そのための法改正を行った。でも、自治体の準備不足のため、なかなか100％実現しなかった。政令指定都市だけを調べたのですが、すべて「旧ただし書き方式」に移行していた。他の市町村は移行できたかどうか、調べたのですが分かりませんでした。

さてそこで,「旧ただし書き方式」の「旧ただし書き」とは,何か。こんな言葉は税理士だって知らない。「旧ただし書き」とは,「昭和36年〜38年の地方税法で用いた課税所得金額」である。ちなみに,昭和36年(1961年)とはケネディがアメリカ大統領に就任した年。今さら60年も昔の地方税法を引っ張り出すのは面倒なので,結論だけ。

「旧ただし書き所得」とは,「総所得金額等−基礎控除額」と表現されたり,「住民税基礎控除後の所得」と表現されたりする。住民税の基礎控除は33万円であるから,簡単に言えば,次のとおり。

なお,所得税の基礎控除は38万円である。概して,住民税の所得控除は所得税よりも少額になっている。

〈重要事項〉

　「旧ただし書き所得」＝「所得−33万円」

■第5段階：具体的な保険料率を決める

賦課総額(保険料総額)が決まり,賦課方式・賦課割合が決まれば,「均等割で徴収する総金額」,「所得割で徴収する総金額」,「世帯別平等割で徴収する総金額」,「資産割で徴収する総金額」が決まる。そして,次の基本計算式で保険料率を決める。

均等割額＝均等割で徴収する総金額÷被保険者数

所得割率＝所得割で徴収する総金額÷被保険者の総「所得割の算定基準」額

世帯別平等割額＝「世帯別平等割で徴収する総金額」÷総世帯数

資産割率＝「資産割で徴収する総金額」÷総「固定資産税」額

以上のようにして,保険料率が決まるのだが,実際の計算は,素人では困難と思う。

私の住む東京23区は2方式(均等割・所得割)であるが,数年前,私は独力で,「医療費総額」→「賦課総額」→「保険料率(均等割額・所得

割率）」を計算してみたが，正解に到達できなかった。国保の担当者に教えてもらって，やっと分かったのである。「保険料率が，なぜ△△になっているのか？」を計算できる住民は，何人いることやら……。分からず，知らず，払っている。

それはともかくとして，第1段階から第4段階を経て，第5段階になって医療分の保険料率が計算される。

具体的な保険料率の数字は，東京23区（2方式），大阪市（3方式）のものを，図表にして掲載した。ご承知のとおり，国保料は医療分だけでなく，後期高齢者支援金分・介護保険分と一体になっている。後期高齢者支援金分・介護保険分の計算根拠は省略したが，保険料率だけは，一緒に掲載した。

図表4-3　東京23区の保険料率

（令和2年度）

	均等割額	所得割額	最高限度額 （世帯の賦課限度額）
医療分	3万9,900円	旧ただし書き ×7.14%	63万円
後期高齢者支援金分	1万2,900円	旧ただし書き ×2.29%	19万円
介護保険分	1万5,600円	旧ただし書き ×2.09%（各区で差）	17万円

図表4-4　大阪市の保険料率

（令和2年度）

	均等割額	世帯平等割額	所得割額	最高限度額 （世帯の賦課限度額）
医療分	2万4,372円	2万9,376円	旧ただし書き ×8.06%	61万円
後期支援金分	8,207円	9,892円	旧ただし書き ×2.78%	19万円
介護保険分	1万3,396円	4,424円	旧ただし書き ×2.62%	16万円

■第6段階：低所得者の減額制度（軽減制度）を決める

所得が一定基準以下の低所得者ならば，応益割（均等割，世帯平等割）が減額される。最大7割軽減。世帯分離の威力は，この部分で発揮される。

これについては，後で述べる。

3 国民健康保険料を計算してみる

■自治体によって，かなりの格差

保険料（税）は，「A　医療分（基礎分）」と「B　後期高齢者支援金分」と「C　介護保険分」から成り立っている。全国共通である。このことは，大々的に知らされている。

40 歳未満……………………A＋B

40 歳以上 65 歳未満………A＋B＋C

65 歳以上 75 歳未満………A＋B

　　　※65 歳以上の介護保険分は年金から天引きである。

さて，前段で説明したように，国保の保険料率は自治体によってバラバラである。したがって，どこの自治体が高いのか安いのか，簡単には判定できない。判定するには，各自治体に具体的な家庭モデルを当てはめて計算するしかない。自治体格差は，3〜4倍程度と言われている。とにかく，同一家族構成・同一収入でも，住む自治体によって保険料は大きく異なる。

ちなみに，平成29年度の保険者別の最高と最低が**図表4−5**である。3.4 倍の格差となっている。都道府県平均の最高と最低は，最高が徳島県，最低が埼玉県で，1.42 倍の格差である。

図表4−5　**保険者別の最高と最低（平成 29 年度）**

		標準化指数	標準化保険料算定額
最高	北海道天塩町	1.629	190,870 円
最低	東京都御蔵島村	0.480	56,234 円

　前段でせっかく，東京23区，大阪市の保険料率を掲載したので，具体的な家庭モデルを用いて保険料を計算してみる。計算を簡単にするため，モデルは「34歳，単身，年収300万円」とした。

　年収300万円は給与所得に換算すると年所得192万円。旧ただし書き所得は［192万円－33万円］の計算で159万円。

　計算結果は下記のとおり。保険料格差は相当ある。このモデルの場合，大阪市は東京23区の1.2倍である。

［東京23区の場合］

（3万9,900＋1万2,900）＋159万×（7.14％＋2.29％）＝20万2,737円

［大阪市の場合］

（2万4,372＋2万9,376＋9,892＋8,207）＋159万×（8.06％＋2.78％）

＝24万4,203円

　ぼやきを1つ。以上，長々と「自分の保険料はいくらか？」の説明をしたが，そう簡単に理解できるものではない。パズルと思えば，面白いかも……。もっとも，このパズルは役所のホームページを見ても理解困難と思う。ただし，実際の計算は役所が行ってくれて，住民には請求書が来るだけ。

　大雑把な話，一般的に言って，国保料は住民税よりも高い。ただし，高収入の人にとっては，最高限度額があるので，国保料は住民税よりも非常に安くなる。

図表4－6　**国保料と貧富のイメージ**

高所得の人	最高限度額
中所得の人	応益割（均等割・世帯平等割）＋応能割（所得割・資産割）
低所得の人	応益割の減額を受けている

4 応益割（均等割・世帯平等割）の減額……低所得者への配慮

■減額制度と減免制度等を区別する

　最初に注意すべきは，「減額制度（軽減制度）」と紛らわしい制度が複数あるということ。

- 減額制度……軽減制度と表現されることも多い。法律によって，「前年の所得が一定額以下の世帯」には，「応益割（均等割・世帯平等割）が７割〜２割，減額」される。市区町村が前年の所得に基づいて計算して自動的に減額するので，基本的には申請の必要なし。しかし，「市区町村がその人の所得が分かれば」の話である。所得税の確定申告や住民税の申告，あるいは「国民健康保険料に関する申告書」を提出してあればOKであるが，かなり大勢の低所得の人々がそれを実行していない。たぶん300万人以上の人が，していない。本来減額されるのに，減額されていない人が非常に多くいる。

　それから，減額制度（軽減制度）において，世帯分離の威力が発揮される。

　減額制度（軽減制度）
　　申請は原則不要
　　応益割（均等割・世帯平等割）の話…７割・５割・２割減額
　　世帯分離が威力
　減免制度
　　申請必要
　　応能割（所得割・資産割）の話…免除もある。
　　世帯分離は関係なし

• 減免制度…「制度はあれども，利用者がほとんどゼロ」という世にも不思議物語となっている。本当だよ。災害や失業などで，「生活が著しく困難」になった場合，申請に基づき，保険料（所得割額）が減額・免除になる。

　ところが，なぜか，役所も含めて「災害のときだけ」という理解に陥っている。台風被害などのときは大いに宣伝するため，それなりの数の利用者が生まれる。だから，2020年の新型コロナという災害に際しては，国は莫大な予算でコロナ特例減免を実行した。

　コロナ特例減免はさておいて，減免制度の本旨は，原因はなんであれ「生活が著しく困難」になった場合減免する，ということである。災害でなくてもいいのだ。そして，「生活が著しく困難」とは，「生活保護認定基準の115％」である。その金額モデルは，東京23区の場合は，**図表4-7**である。こうした図表を作成したのは，杉並区が最初であると思う。もちろん，預貯金の額（生活基準額3ヵ月）など他の条件もある。

　減免の期間は3ヵ月，延長して6ヵ月。次の年も，同じく「生活が著しく困難」ならば，また申請すればよい。

　介護保険料の減免制度は，かなりの利用者がいる。あるいは，小・中学生の家庭で生活保護基準額の120％前後（市町村によって差がある）の場合は就学援助を受けられ，相当多くが受給されている。それなのに，国保料の減免制度は，災害時を除けば，事実上，利用者ゼロである。「なぜなんだ？」と叫べば，「知らないよ」と返ってくる。

　ついでに言えば，後期高齢者医療制度の保険料にも同じ「減免制度」があるが，これも利用者ゼロの世にも不思議な物語になっている。

　「福祉の最後の砦は生活保護」である。その115％〜120％は，最後の砦の前の「予防の砦」である。「予防の砦」を私なりにPRしているのだが……。

　おそらく，大半の役所の窓口は，「減免制度＝災害のときだけ」と思い込んでいるので，相談に行っても，門前払いになる可能性が高い。そ

うであっても，窓口で喧嘩をしないように。私に連絡をくだされば，役所の窓口が納得するチラシを送ります。今はまだ，そんな段階です。思い出すと，世帯分離の手法も，最初は，誰も知らなかった。

図表4−7 「生活が著しく困難」（生活保護認定基準の115%）のモデル

	生活基準額	住居費（家賃）	合計
単身（65歳）	8万9,961円	8万0,270円　上限	17万0,231円
2人世帯（20歳，59歳）	14万0,947円	8万6,250円　上限	22万7,197円

■応益割（均等割・世帯平等割）が7割〜2割，減額されるかも……

この話が，家計を守るうえでの重要部分である。保険料を決める基礎的な仕組み，すなわち第1段階から第6段階を前述したが，その「第6段階：低所得者への減額措置（軽減制度）を決める」の部分である。

所得が一定基準以下ならば，応益割（均等割，世帯平等割）が減額される。7割〜2割の減額がなされる。

大雑把に言って，応益割は，どの市区町村でも年間4〜8万円ある。仮に5万円としたら，7割減額だと，1万5,000円の支払いでOKとなる。

①「誰の所得」で計算するか？

先に，「所得が一定基準以下ならば，応益割（均等割，世帯平等割）が減額」と書いたが，誰の「所得」か？

ここは，重要ポイントである。

「世帯主」および「その世帯に属する国保加入者全員」の合計所得，である。

　　※特定同一世帯所属者を含む。特定同一世帯所属者とは，国保から後期高齢者医療制度に移行されて5年以内の人をいう。

用心すべき点は，世帯主が国保でない場合も含むことである。国保でない世帯主を「擬制世帯主」という。

個人主義でもなく，世帯主義でもなく，いわば「変則的世帯主義」とでも言うのかしら……。世帯主には，それなりの責任が発生している。

たとえば，世帯主（45歳の息子，年収900万円）と世帯員（70歳の親，年金130万円）の2人世帯の場合は，世帯主の所得がオーバーするので減額されない。しかし，世帯分離で，70歳の親が単身世帯になってしまえば，親は「所得が一定基準以下」となり，減額される。

②「一定基準以下の所得」とは，具体的に何円か？

図表4-8 減額判定基準額（令和2年度）

応益割の7割減額	33万円以下の世帯
応益割の5割減額	33万円＋（被保険者数＋特定同一世帯所属者数）×28.5万円以下の世帯
応益割の2割減額	33万円＋（被保険者数＋特定同一世帯所属者数）×52万円以下の世帯

※財政上困難な市町村は，まれに，減額金額が少ない基準額にしてもよい。

再三，ご注意申し上げることだが，この数字は「所得」であって，「収入」ではない。くれぐれも，「所得」と「収入」を混同しないこと。

③高齢者特別控除15万円

忘れがちな点が1つある。

所得税・住民税を計算するときの年金所得は「年金収入－公的年金等控除＝所得」である。しかし，国保料の減額制度の場合だけは，65歳以上で公的年金収入の所得の求め方に特殊な点があるのだ。「年金収入－公的年金等控除－15万円（高齢者特別控除）＝所得」となる（国民健康保険法施行令付則第13条）。この15万円は，後期高齢者医療制度の減額（軽減）措置でも踏襲されている。

④その他の減額制度

法定の制度としては，

⑦非自発的失業者の保険料負担軽減

④会社の保険から後期高齢者医療制度へ移行するにともない，被扶養者の減額制度がある。

市町村の中には，独自の減額制度を有するところもある。減額が7割・5割・2割だけでなく，6割や3割があるところもある。あるいは，子供がいる世帯に減免をするところもある。

■ぼんやりしていると，減額されない

どこの市区町村でも，国保加入者に，次のような案内をしている。

保険料の減額と申告書の提出

　保険料の減額のためには，世帯主と加入者（被保険者）全員についての所得の申告が必要です。前年の世帯の所得合計額が一定基準以下のときは，応能割（均等割・世帯平等割）保険料が減額（7割〜2割）されます。世帯の所得により判定しますので，住民税がかからない世帯であっても，未申告であると保険料が確定できないだけでなく，減額の判定もできませんので，ご注意ください。

　確定申告や住民税の申告などをしていない方がいる世帯には，「保険料に関する申告書」をお送りしますので，必ず期限までに提出してください。

所得税ゼロだから確定申告しない，住民税の申告もしない。そうなると，市区町村は国民健康保険料を計算することが不能となってしまう。したがって，本来は「一定基準以下の所得」で，減額措置が受けられるにもかかわらず応益割（均等割・世帯平等割）全額を請求されてしまう。

■ケーススタディ：K氏（都民・70歳）は，どう行動したか？

　東京23区に住む70歳で年金収入130万円の単身世帯のK氏は，所得税も住民税もゼロである。K氏の国保料は何円か？

①K氏の取った行動。所得税ゼロ，住民税ゼロなので，「所得税の確定申告」も「住民税の申告」もしたことがない。

　K氏本人は年金収入130万円だけと分かっていても，市区町村としては，日本年金機構からくるK氏の年金データだけは分かるが，K氏の「年金以外の収入」の有無が分からない。市区町村としては，K氏の所得が「一定基準以下」と分かれば，減額する用意を整えているけれど，K氏の所得を掌握できない。だから，応益割（東京23区は均等割だけ）の全額を請求する。

②そのとき，K氏は，なんらかの手続きをすれば，国保料が減額されることを知った。しかし，「所得税の確定申告」は時期が終了していた。確定申告してあれば修正も成り立つが，そもそも確定申告していないので，どうしようかと税務署に尋ねたら，「所得税ゼロだから，しなくてよい。市区町村の窓口へ行ったほうが良い」とアドバイスされた。

　市区町村の窓口へ行ったら，「住民税の申告」の正式の時期が終わっていたが，「今からでも受け付けますが，K様の場合は，住民税がゼロなので，『保険料に関する申告書』を提出したほうが簡単です」と教えられた。

　国保の窓口へ行ったら，「保険料に関する申告書」を提出していただければ，応益割（均等割）の7割〜2割の減額が得られることを教えられた。

　そして，その場で手続きをした。とても簡単な手続きだった。

　その結果，K氏の国保料は，何円から何円になったか？

③国保料の減額措置をする際の「所得」は，

130万円－120万円（公的年金等控除）－15万円（高齢者特別控除）

＝－5万円→つまり，所得0円

東京23区は，減額に際して，**図表4－8**「減額判定基準額（令和2年度）」を採用している。その図表の「33万円以下の世帯」に該当し，7割減額になる。

東京23区の保険料率は，**図表4－3**「東京23区の保険料率（令和2年度）のとおり。応能割は均等割だけで，金額は，医療分均等割3万9,900円と支援金分均等割1万2,900円の計5万2,800円である。介護分は65歳以上は年金天引きなので，K氏の場合は対象外。

K氏は，5万2,800円の7割を減額されるから，<u>1万5,840円の国保料</u>となる。年間約5万円が，1.5万円ちょっとになった。

K氏のような人は，全国に大勢いる。私の推定では，全国で，200万人～300万人が，知らないがゆえに損をしている。アッと驚く，巨大な数字。

なお，恐るべきことを1つ。後で述べるが，確定申告または住民税の申告または保険料に関する申告をしておらず，結果として役所が所得を把握できない人は，「上位所得者」とみなされる。「上位所得者」は，ものすごく割高な医療費（自己負担限度額が高額）を負担する。だから，この意味でもキッチリ申告をすることが肝心である。

■K氏が大阪市（3方式）に住んでいたら……

K氏が東京23区民ならば，応能割5万2,800円が7割減額されて，国保料は1万5,840円となる。

K氏が大阪市民ならば，応能割7万1,847円が7割減額されて，国保料は2万1,554円となる。

東京23区に比べて，大阪市は1.36倍の高さである。やはり自治体格差は顕著である。

格差の最大原因は自治体の財政力の差である。明治維新から強力に推進された東京一極集中（東京中心の中央集権国家）の結果，東京23区の地域（とりわけ都心5区）に税源が集中している。つまり，東京の財政力はずば抜けている。「都区制度」とは，都心5区に集中している税財源を，周辺18区に分配する機能もあるが，本質は都が23区（実質的には都心5区）から毎年約3,000億円吸い上げるシステムである。「平成12年の都区制度改革」（区は都の内部団体であったが，基礎自治体になった）が終わってから数年間は，こうしたことが区議会・都議会では少しは議論されていた。しかし，今や，「忘却とは忘れ去ることなり」である。

　昨今，「大阪も都区制度に」とか，昔ながらのお遊び構想である「道州制を」とか……見当違いの制度論が話題になっている。制度を変えたからといって，巨額なお金が生まれるわけではない。根本テーマは，そんな制度ではなく，「東京一極集中」をどうするか，である。

■エピソード……誰も信じなかった

　お爺さんとお婆さんがいました。お爺さんは，のんびりと敬老会館へ囲碁をしに行きました。お婆さんには，心配ごとがありました。

　「国保の保険料は高過ぎる。払えないので滞納してしまった。滞納額が十数万円になってしまった。どうしよう。どうにかならないかしら。保険証を取り上げられてしまうかしら。心配で，かえって病気になってしまう」と愚痴をこぼすのであります。

　私があれこれ尋ねたら，ささやかな年金収入だけだから，確定申告などは完全に不必要だと思い込んでいる。他人の収入額を詳細に尋ねるのも気分の良いものではないが，おおよその年金額だけを聞き出した。聞いたら，夫婦2人で月額14〜5万円の年金収入だけ。そこで，アドバイスした。

　「役所の窓口へ行って，『安くなりませんか？　まけてくれませんか？』『7割から2割の減額の制度があるって聞いたのですが』と言うの。『もし該当するなら，遡って適用してくれませんか』と言うの。いいですか，

『遡って適用』を必ず言ってね」

「役所がまけるものですか。八百屋じゃあるまいし」

「いいじゃないの。ダメでもともと」

と言ったら，「何を窓口で言うの？」という。

そこで，私は話す言葉をメモしてあげた。

メモは次のとおり。

『私は○○です。私と夫の２人は国保料を滞納しています。国保料の７割５割２割の減額制度があると聞きました。私たち夫婦は，それに該当しないでしょうか。調べてください。もし，該当するならば，過去に遡って，適用してください』

そして，その高齢のお婆さんは，国保料の請求書と印鑑とメモを持って国保の窓口へ行った。窓口では，緊張のため言葉が出ず，メモを渡した。でも，その場で結論が出た。結論は，数千円支払えば，すべて OK となった。財布に数千円あったので，支払って一件落着。

その夕刻，お婆さんは，お爺さんに，役所での「大活躍物語」を聞かせた。

翌日，お爺さんは，囲碁仲間に，「お婆さんスーパー大活躍武勇伝」を聞かせた。

しかし，誰も信じなかった。まあ――，とにかく，めでたし，めでたし。

> コラム5 　課税最低限と非課税限度額

「非課税限度額」の制度は住民税だけで，所得税にはない。「非課税限度額」の単語は，社会保障のいろいろな場面で登場する重要単語である。

低収入X円の場合，所得税を計算していると，所得税がゼロになる場合がある。このX円が所得税の課税最低限収入である。公式は，

課税最低限収入Ｘ円－給与所得控除－（基礎控除額＋配偶者控除額＋扶養控除額＋社会保険料控除額）＝０

　　※社会保険料控除額は給与収入額（Ｘ円）の10％で計算することになっている。

　同様の発想で，住民税所得割にも課税最低限収入が導き出される。

　ところが，課税最低限収入と生活保護基準が逆転してしまう。つまり，生活保護で支給される金額（無税）と同額を，非保護者が働いて獲得すると，税金を払うことになる。これは変だ，ということで，住民税に関してだけは，課税最低限よりも少し上に「非課税限度額」が設けられた。

　しかし，非課税限度額と生活保護基準の逆転現象は，完全に解消されていない。

　この事実が，少しだけ脚光を浴びたことがあった。2007年（平成19年）春の統一地方選挙直前に，石原都知事が突然，「低所得者の住民税減税」を公約した。すぐさま，東京都主税局は「生活保護の対象となる程度の収入しかない低所得者に対して，個人都民税所得割の全額軽減の方針」を発表した。（平成19年3月2日）。その法的根拠は，地方税法第6条の「課税免除」であった。

　約60万人（納税義務者の約1割）が対象者，減税総額50億円と公表された。

　この画期的な公約は，当選の半年後，あっさりと捨て去られてしまった。当選のための人気取りポーズに過ぎなかった。

　ここで，驚いてください。納税義務者の約1割が生活保護基準以下の収入しかないのである。全国ベースで推測すれば，600万人がワーキング・プアということだ。

5 保険料減額制度と世帯分離

　所得が「一定基準以下」の人は応益割（均等割・世帯平等割）の「減額」（7割〜2割）が受けられる——そのことは分かった。それでは，世帯分離と減額制度の関係に話を進めよう。

■東京23区（2方式）の場合

　モデル：澤山家の場合。45歳の息子（年収900万円）と70歳の親（年金収入130万円）の2人世帯。2人とも国保加入である。

● 世帯分離前（2人世帯）

　応益割（均等割）の減額が受けられるか？

　息子の所得は，［900万円−210万円（給与所得控除）＝690万円］の計算で690万円である。親の所得は，［130万円−120万円（公的年金等控除）−15万円（軽減計算のときだけ高齢者特別控除を使う）＝−5万円→つまり，所得0円］の計算で0円。

　したがって，2人の合計所得は，690万円である。ということは，**図表4−8**「減額判定基準額」に該当しないので，減額されない。

　したがって，親の応益割金額（医療分均等割3万9,900円＋支援金分均等割1万2,900円＝5万2,800円）全額を払うことになる。

● 世帯分離後（親が単身世帯になった）

　息子の保険料分に変化はない。

　親の保険料は，7割減額されて1万5,840円の国保料となる。

　世帯分離によって，国保料が3万6,960円減額のメリットを獲得した。

■大阪市（3方式）の場合

　3方式・4方式では，応益割は，「均等割」だけでなく「世帯平等割」

が登場する。1世帯なら1世帯分だけですむが，世帯分離すれは，2世帯分の世帯平等割となり，その分不利に作用する。さてさて，得か損か？

　計算すれば分かることだが，世帯分離は2方式では大きなメリットを生むが，7割減額ならば2方式ほどではないが，3方式・4方式でもメリットを生じる。

　大阪市（3方式）では，年間1万1,024円のメリットとなる

■保険料が最高限度額の場合

　上記モデルの場合は世帯分離の効果があるが，損する場合もある。保険料が最高限度額の世帯の場合である。世帯人数が何人でも最高限度額は変化しないから，世帯分離すれば明らかに損する。ただし，それは保険料だけの話である。もしも，親が入退院を繰り返すような重病で高額療養費の対象になるようだと，その分のメリットが発生する。この点は，後に説明する。

6 支払い方法……払えないと，どうなるか？

■支払い回数

　役所が計算した請求書が郵送されてくる。それに基づいて支払う。老婆心ながら，請求書や同封の印刷物を，じっくり・ゆっくり，1時間かけるつもりで，読んでみてほしい。すべて理解できれば，「自分は天才」と自信を持てばよい。

　支払回数のことであるが，市区町村によって，12回のところもあれば，10回のところもある。1年は12ヵ月なのに，なぜ10回なのか。別段，10進法にこだわっているわけではない。10回の理由は，3月が所得税の確定申告であるから，4月・5月では，所得から国保料を計算するのに時間が不足。12回請求の場合，「おおよそ，某氏の所得は，こんな額であろう」

を根拠に，4月・5月の請求書を出さざるを得ない。そして，所得や住民税が確定してから再計算して6月〜3月で調整した金額を請求する——という手間隙・経費が余分にかかる。だから，近年は，年10回（4月・5月はゼロ円，6月〜翌年3月）の請求・支払の市区町村が漸増している。

■支払い方法

国保料は，普通徴収が原則である。

しかし，2008年（平成20年）4月の後期高齢者医療制度がスタート時から，「年金収入のある特定の世帯」には，「年金天引き」の特別徴収がスタートした。「特定の世帯」の説明は省略。「年金天引き」がスタートしたが，後期高齢者医療制度のスッタモンダの末，「年金天引き」と「口座振替」との選択制になった。どちらが家計防衛で有利かは，第5章の「後期高齢者医療制度と世帯分離」のところで説明する。

■払えないと，どうなるか？　とにかく相談を

統計資料では，国保加入者の所得に占める保険料の負担率は9.1％である。協会けんぽ（中小企業）は6.2％，組合健保（大企業）4.6％である。そして，国保加入者1人当たりの平均所得は，ものすごく低い。低所得で，負担率が高いということは，要するに，国保料の負担感は極めて大きい。

国保の保険料滞納者は全国で450万世帯。約21％が滞納世帯である。人生数十年で，一度も国保料を滞納したことがないという人は，お金に関しては，とてもハッピーな人生だと思う。

保険料を約1年間滞納している世帯には，「有効期間が短い保険証」（短期証）が交付されることがある。有効期間が短いとは，市区町村によって差があるが通常は6ヵ月，中には1ヵ月のところもある。これは，単に短いだけのこと。短期証は約116万世帯。この10年で，なんと5倍増。

さらに滞納が続くと，短期証を取り上げられて，「被保険者資格証明書」（資格証）が交付される。資格証の人は，医療費の窓口負担がいったん全

額自己負担となる。後日，申請により7割が返還される（通常，返還金は滞納分に充当）。資格証は約34万人。34万人とは，全被保険者の約1％である。やはりこの10年で5倍増。

さらに，短期証・資格証で終わらず，滞納者への差し押さえも急増している。朝日新聞の調査によると，大都市部における差し押さえ件数は，平成18年度に対して平成22年度は5倍，6倍と激増している（「朝日新聞」平成23年8月29日付）。

想像のつくことだが，資格証の人の受診率は普通の人の2％以下になっている。事実上，医療の機会を奪われている。「国民皆保険が，ほころびている」ということ。

NHKの調査では，保険証がなくて医療をあきらめ，その結果死亡した人が2年間で475人。貧しい人は医院に行けなくて死んでいく。むろん，この数字は氷山の一角であろう。

お笑い物真似芸人のコロッケは，子供時代，親が貧しいのを察して耳が痛いのを我慢し続けて，片耳の聴力を失った。私の知人でも，医者から「珍しく立派な胃潰瘍」と言われた人がいた。背中の帯状発疹で3年も前から痛い痛いと唸っていながら医者に行かない人もいた。医療費を心配して，ずっと我慢していたのだ。

「資格証の人」あるいは「短期証も資格証もない人」であっても，「子供のいる世帯」や「医療費が必要でしかも医療費負担が困難な人」の場合は，市区町村へ申し出ると「特別な事情に準ずる」「緊急的対応が必要」ということで，「短期証」が発行されるはずである。貧困層の増加のため，こうした措置は急速に拡大している。

さて，保険料が払えなくなったら，どうするか。とにかく，とにかく，市区町村の窓口へ相談に行く。

「滞納して，払えないのに，相談に行っても，『払ってください』と言わ

れるだけだろう。相談に行っても無駄。嫌な思いをするだけ」
と思っている人が99％である。

　しかし，そうではありません。必ず，「ケース・バイ・ケースの何らか
の対応策」があると断言します。見栄や体裁，プライドや恥なんてことは
考えないで，相談に行ってください。喧嘩しに行くのではありません。心
配しないで相談に行ってください。正直に，そして粘って相談してくださ
い。「ケース・バイ・ケースの何らかの対応策」では，抽象的過ぎるので，
具体例をいくつか……。

（ケース1）　過去ずっと，応益割（均等割・世帯平等割）金額を払ってき
　　　　　　　たが，最近，滞納した。調べたら，過去から「7割減額」の
　　　　　　　対象者であった。計算をやり直してもらう。これで救済され
　　　　　　　る人はかなり多い。前述の「エピソード……誰も信じなかっ
　　　　　　　た」の例。

（ケース2）　分納。

（ケース3）　保険料の減免制度が適応になるケースもある。災害の場合，
　　　　　　　病気・失業などで「生活が著しく困難」な場合は，減額・免
　　　　　　　除になるケースがある。

（ケース4）　2009年（平成21年）3月31日以降に，非自発的に失業した
　　　　　　　人は保険料が減額になる制度が設けられた。

（ケース5）　生活保護の受給になることもある。

（ケース6）　国保料を滞納する人は，サラ金・クレジットの多重債務に陥
　　　　　　　っている場合もある。多重債務が解決すれば払えるという人
　　　　　　　が多い。サラ・クレ多重債務は，簡単に解決できる。だか
　　　　　　　ら，何とか解決への道筋が立つ。

（ケース7）　親族の誰かが加入している被用者保険の被扶養者になれるか
　　　　　　　もしれない。被用者保険の保険料は被扶養者が何人でも同じ
　　　　　　　だから，被用者保険の被扶養者になれれば絶対的にお得であ

る。このケースは相当数あるが,「今さら, 親族に頭を下げたくない」という人が多い。次の節 **7**「被用者保険の被扶養者になれば, 保険料ゼロ」を参照してください。

（ケース8） 滞納のため,「保険証」も「短期証」もない。金もあまりないが, 病院へ行く必要がある。3〜5千円だけ持って国保の窓口へ行く。「どうしても, 病院へ行かねばならない。お金はこれだけしか, 今はない。保険証をなんとかお願いします」と低姿勢で言えば, たぶん,「短期証」を出してくれる。

（ケース9） ほとんど知られていない制度に, 厚労省の「無料低額診療事業」がある。低所得者, 要保護者, ホームレス, DV被害者, 人身取引被害者など生計困難者ならば,「無料低額診療事業」の病院を活用する。市区町村のホームページに紹介されているところは少ない。東京23区の場合, 各区に1〜5病院ある。病院へ直接行ってもいいが, 社会福祉協議会や福祉事務所などと相談してから行ったほうがまごつかない。とにかく, 無料低額の病院があることを知ってほしい。病院としては, 固定資産税などが有利になる。

（ケース10） 世帯分離によって, 保険料を安くする。ただし, この手法は, 役所の窓口では教えてくれない。

　その他, いろいろな人生模様がある。

図表4-9 無料低額診療事業実施病院の一覧（東京 23 区内）

令和2年1月

医療機関名	所在地	電話
三井記念病院	千代田区神田和泉町 1	03-3862-9111
綜合母子保健センター愛育病院	港区芝浦 1-16-10	03-6453-7300
綜合母子保健センター愛育クリニック	港区南麻布 5-6-8	03-3473-8310
東京都済生会中央病院	港区三田 1-4-17	03-3451-8211
聖母病院	新宿区中落合 2-5-1	03-3951-1111
浅草寺病院	台東区浅草 2-30-17	03-3841-3330
橋場診療所	台東区橋場 2-2-5	03-3875-8480
橋場診療所歯科	上に同じ	上に同じ
同愛記念病院	墨田区横網 2-1-11	03-3625-6381
賛育会病院	墨田区太平 3-20-2	03-3622-9191
東京都済生会向島病院	墨田区八広 1-5-10	03-3610-3651
あそか病院	江東区住吉 1-18-1	03-3632-0290
大田病院	大田区大森東 4-4-14	03-3762-8421
大田病院附属大森中診療所	大田区大森中 1-22-2	03-6404-2301
大田歯科	大田区大森東 4-3-11	03-3762-0418
久我山病院	世田谷区北烏山 2-14-20	03-3309-1111
児玉経堂病院	世田谷区経堂 2-5-21	03-3420-1028
有隣病院	世田谷区船橋 2-15-38	03-3482-3611
代々木病院	渋谷区千駄ヶ谷 1-30-7	03-3404-7661
中野江古田病院	中野区江古田 4-19-9	03-3387-7321
武蔵野療園病院	中野区江古田 2-24-11	03-3389-5511
中野共立病院	中野区中野 5-44-7	03-3386-3166
中野共立病院附属中野共立診療所	中野区中野 5-45-4	03-3386-7311
川島診療所	中野区弥生町 3-27-11	03-3372-4438
救世軍ブース記念病院	杉並区和田 1-40-5	03-3381-7236
浴風会病院	杉並区高井戸西 1-12-1	03-3332-6511
滝野川病院	北区滝野川 2-32-12	03-3910-6336
王子生協病院	北区豊島 3-4-15	03-3912-2201
上智クリニック	荒川区町屋 4-9-10	03-3892-4514
日暮里上宮病院	荒川区東日暮里 2-29-8	03-3891-5291
板橋区医師会病院	板橋区高島平 3-12-6	03-3975-8151
小豆沢病院	板橋区小豆沢 1-6-8	03-3966-8411
大泉生協病院	練馬区東大泉 6-3-3	03-5387-3111
勝楽堂病院	足立区千住柳橋町 5-1	03-3881-0137
柳原病院	足立区千住曙町 35-1	03-3882-1928
柳原リハビリテーション病院	足立区柳原 1-27-5	03-5813-2121
江戸川病院	江戸川区東小岩 2-24-18	03-3673-1221
メディカルプラザ江戸川	江戸川区東小岩 2-6-1	03-3673-1566

第4章

国民健康保険の負担も軽くなる

フーテンの寅さんの医療保険

　寅さんの住民票は葛飾区柴又にある。寅さんも，タコ社長と同じく，本当は所得税の確定申告をしなければならない。寅さんは，無申告の脱税常習者である。税務署は旅から旅の住所不定の寅さんを税務調査する能力がないだけのことだ。旅から旅の生活だから，病気になることもある。国保の対象者だが，国保料も払ったことがないので，国保の保険証も持っていない。だから，妹さくらは，旅先でお兄ちゃんが病気になったら……と心配でしかたがない。優しいだけでなく，賢いさくらは，葛飾区役所住民課で寅さんを単身世帯にした。さらに，国保係へ行って，相談した。そこで，「国民健康保険料に関する申告書」を提出。均等割7割減額で，年額1万5,930円（平成23年度，40歳以上）を支払って，寅さんの国保保険証を入手した。寅さんは，ますます安心して旅から旅へ……ということではなかろうか。

　映画ファンに尋ねたら，寅さんは，「恋の病」以外は，一度も病気をしたことがない，ということだった。

7 被用者保険の被扶養者になれば，保険料ゼロ

■被用者保険の被扶養者に

　毎月の国保料支払いが大変だ。国保料が払えない場合，1つの手段は，親族の誰かが被用者保険（協会けんぽ，組合健保，各種共済）の加入者ならば，その被扶養者になってしまうことだ。被用者保険は被扶養者が何人いても保険料に変化がないから，それが可能ならばベストだ。

■世帯が別でも被扶養者になれるか？

　たとえば，息子（50歳，サラリーマン，医療保険は協会けんぽ，年収500万円）と母親（70歳，年金75万円）の2人家族を想定して考える。

　息子の医療保険は協会けんぽである。協会けんぽ等の被用者保険は，被扶養者が0人でも多数でも，毎月の保険料は同額である。通常，同居かつ低所得の母親は「被扶養者」となっているから，毎月の保険料はタダである。わざわざ息子の協会けんぽを脱会して，国保に加入することはしない。

　しかし，母親の介護保険のことを考えてみよう。

　母親が要介護者で介護サービスのために高額の負担が生じる。世帯分離すれば，母親は低所得単身世帯となり，介護の支出が減少する場合，どうしようか。世帯分離すると，母親は息子の被用者保険の被扶養者の地位を喪失するのか……？

　この問の解答は，「被扶養者の範囲」を理解すれば導き出される。少々ごちゃごちゃした説明になるが，悪しからず。

　最初に，「扶養」の単語について。この種の相談を受けると，「所得税で使用する扶養」と「被用者保険で使用する扶養」とを混同して，「何を質問しているのか，さっぱり分からない」ということが非常に多いので，どの意味での「扶養」であるかを意識すること。

[被扶養者の範囲]

①被保険者の直系親族，配偶者（事実婚を含む），子，孫，弟妹（兄姉は別）で，主として被保険者に生計を維持されている人。

　　　（注）この場合は，「世帯」や「同居」は要件でない。

②被保険者と同一世帯で，主として被保険者の収入により生計を維持されている次の人。

　　　（注）この場合は，「世帯」が要件となる。

　（あ）被保険者の3親等以内の親族（①に該当する人を除く）

（い）被保険者の配偶者（事実婚を含む）の父母および子

（う）（い）の配偶者が亡くなった後における父母および子

[生計維持基準とは]

　前段の①で「主として被保険者に生計を維持されている」と書いた。また，②でも「主として被保険者に生計を維持されている」と書いた。それは，どんな基準で判断されるか。ただし，これは絶対というわけではなく，実態，社会通念上，具体的事情によって判断されることもある。

①対象者が被保険者と同一世帯に属している場合

　対象者の年間収入が130万円未満であり，かつ，被保険者の年間収入の2分の1未満である場合は，被扶養者になる。

　　※「パート妻103万円の壁」は，103万円までの収入なら無税で，かつ，夫の配偶者控除も大丈夫ということだが，それよりも「130万円の壁」のほうが重大だ。夫の厚生年金・健康保険の被扶養者がダメになる可能性が大なのだ。

　対象者が60歳以上または障害厚生年金を受けられる程度の障害者の場合は，130万円ではなく180万円。

　なお，「被保険者の年間収入の2分の1未満」の文句は，杓子定規に考えなくてもよい。

②対象者が被保険者と同一世帯に属していない場合

　対象者の年間収入が130万円未満であり，かつ，被保険者からの援助による収入額より少ない場合には，被扶養者となる。

　対象者が60歳以上または障害厚生年金を受けられる程度の障害者の場合は，130万円ではなく180万円。

　と，まあ，分かりづらい説明になったが，事例の母親は「被扶養者の範囲」①によって，世帯が別でも被用者保険の被扶養者であり続ける。だから，母親は，世帯分離しても，息子の協会けんぽに加入したまま，介護保険のメリットを享受できる。

家計が大変な時代だ。「セコい」と思われようと，家計防衛が一番。なあ，皆の衆！。

⑧ 窓口で払う一部負担金はどうなるか……負担上限額が激減

■一部負担金の割合

世帯分離によって，毎月払う保険料が安くなるケースがある——これは分かった。それでは，いざ病気になった場合の窓口へ支払う金は安くなるのか。答えは，YES のケースもあるよ。

そもそも，医療保険とは，毎月保険料を支払って，いざ病気になった場合，医療費全額を払うのではなく一部を負担すれば OK というものである。それが最大の目的である。

［一部負担金］

医療費の原則３割を負担する。現在（令和２年８月時点）では，以下のようになっている。これは，どの医療保険でも同じ。

図表４−10 一部負担金の割合

（令和２年４月時点）

0〜義務教育就学前 ………………… 2割

　　　義務教育就学〜70歳未満…………… 3割

　　　70歳以上75歳未満 ………………… 2割（現役並み所得者は3割）

　　　75歳以上は後期高齢者医療制度 …… 1割（現役並み所得者は3割）

　なお，市区町村の中には独自サービスで，乳幼児や児童・少年の医療費無料化を実施しているところがある。この傾向は，財政力の強い市区町村で拡大中のようだ。

[現金給付]

　医療保険の本旨は，医療費の一部を支払えばよい，ということだが，例外的に現金給付もある。

• 出産育児一時金……国保は条例で決め，大半は42万円。協会けんぽも，
　　　　　　　　　　　　原則42万円。

• 葬祭費・埋葬料……国保は条例で決め，5〜7万円。協会けんぽは，5
　　　　　　　　　　　万円。

• 傷病手当金……国保の実施例なし。協会けんぽはある。ただし，国保でも，新型コロナの流行により，2020年1月1日から9月30日までの間（入院継続の場合は最長1年6ヵ月間）は傷病手当金を支給することになった。第2波，第3波が来れば，また法改正・条例改正することになると思う。

• 出産手当金……国保の実施例なし。協会けんぽはある。

　なお，概して，組合健保の現金給付は協会けんぽよりも恵まれている。

■所得3階層から5階層へ

　社会保障全般では，所得に応じて，「高所得者・一般所得者・低所得者」の3段階で考えると便利である。従来は，高所得者は，制度によって若干の違いがあるので，制度によって「上位所得者」とか，「一定以上所得者」とか，「現役並み所得者」とか，言葉を変えていた。しかし，2018

年（平成30年）8月から，「自己負担限度額」（高額療養費）に関しては，**図表4−11**のように，5段階方式で計算するようになった。

中身は，大雑把に言って，高所得者（高所得者3・2）は負担が重くなった。一般の上（一般→高所得者1）は変わらず，一般の下（一般→一般）は軽くなった。低所得者は変わらずである。

図表4−11　3階層から5階層のイメージ

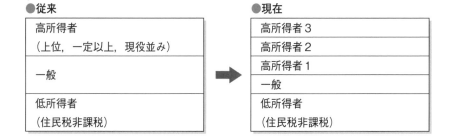

◎**現役並み所得者（70〜75歳，及び75歳以上で使用）**

住民税の課税所得が145万円以上の世帯。ただし，高齢対象者（70〜75歳）は，以下の①②③を除く（申請が必要）。

①世帯に高齢対象者が1人の場合……高齢対象者の収入が383万円未満

②世帯に高齢対象者が2人以上の場合…高齢対象者全員の収入合計が520万円未満

③高齢対象者が1人で，収入が383万円以上，かつ，同一世帯で国保から後期高齢者医療制度に移行した人との収入合計が520万円未満

◎**一定以上所得者・上位所得者**

この用語は，従来は「低所得者と一般を除いた高所得者」を意味していたが，**図表4−11**のように，「従来の一般」が，「高所得1」と「現在の一般」に分割されたため，どの水準からが「一定以上」「上位」なのか曖昧になったため，あまり使用しなくなった。

そう思っていたら，「高所得者3・2・1」の用語も使用しなくなった。そりゃそうだろう，高所得者1の人にしてみれば，「どうして私が高所得

者なのか」と嫌味を言いたくなってしまうから，それを避けたいのだろう。

※ぼやきを一言。**図表4−12**と**図表4−13**は自己負担限度額の図表です
が，その所得区分の欄を見てください。一方は，「旧ただし書き所得」を
基準にしているが，他方は「課税所得」を基準にしている。なぜ，違うのか。
　あるいは，70〜75歳の自己負担割合は，図表4−10のように，2割ま
たは3割であるが，その判定基準は，次のように説明される。

• 負担割合2割……対象者それぞれの住民税の課税所得が145万円未満，
　　　　　　　　　　または対象者全員の旧ただし書き所得の合計が210
　　　　　　　　　　万円以下。

• 負担割合3割……対象者のうち，1人でも住民税の課税所得が145万円
　　　　　　　　　　以上，かつ対象者全員の旧ただし書き所得の合計が
　　　　　　　　　　210万円を超える。

　1つのことを判定するのに，ここは「課税所得」，そこは「旧ただし書き
所得」である。　どうして，国民を惑わすようなことをするのであろう
か？
　どんな合理的理由があるのだろうか。たぶん，昔から，そうなっていた
から，ということではなかろうか……。

◎一　　般
　世帯に住民税が課税されている人がいる。ただし，現役並み所得者（ま
たは，上位所得者，一定以上所得者，高所得者）を除く。大半の住民は，
ここに位置する。

◎低所得者Ⅱ
　「世帯主」と「世帯の国保加入者全員」が住民税非課税の人。

◎低所得者Ⅰ
　低所得者Ⅱの中で，各人の所得が，必要経費・控除を差し引いたとき0
円であること。たとえば，単身世帯で年金収入のみなら，80万円以下。

■自己負担限度額が世帯分離で激減した

医療保険の最大の目的は，医療を受けた場合，医療費全額を支払うのではなく，一部を負担すればよいということだ。原則3割だが，年齢や所得によって，1割だったり，2割だったり，3割だったりするわけだが，大手術などをすると，1割，2割，3割といっても相当な負担額になってしまう。そのため，同一月内の自己負担額に上限を設定してある。そして，「負担限度額」を超えた場合は，超えた分を「高額療養費」として支給される。

世帯分離の威力は，ここでも発揮される。

図表4−12 70歳未満の自己負担限度額

(令和2年4月1日時点)

	所得区分	自己負担限度額	4回目以降の限度額
ア	旧ただし書き所得 901万円超	252,600円＋医療費総額−842,000円)×1%	140,100円
イ	旧ただし書き所得 600万円超〜901万円以下	167,400円＋(医療費総額−558,000円)×1%	93,000円
ウ	旧ただし書き所得 210万円超〜600万円以下	80,100円＋(医療費総額−267,000円)×1%	44,400円
エ	旧ただし書き所得 210万円以下	57,600円	44,400円
オ	住民税非課税世帯	35,400円	24,600円

※「旧ただし書き所得」とは，「所得−33万円」のこと。
※「4回目以降の限度額」とは，過去1年間に4回以上高額療養費の支給を受けたときは，限度額が低くなる。
※所得税を申告していない，住民税の申告もしていないなど，役所で所得が把握されない場合は，「ア」の区分になるので，くれぐれもご注意を。

図表4−13 70歳以上の自己負担限度額

（令和2年4月1日時点）

所得区分		自己負担限度額 外来 （個人負担）	自己負担限度額 外来＋入院 （世帯単位）
現役並み所得Ⅲ （課税所得690万円以上		256,600円＋（医療費総額−842,000円）×1％ [140,100円]	左に同じ
現役並み所得Ⅱ （課税所得380万円以上 690万円未満）		167,400円＋（医療費総額−558,000円）×1％ [93,000円]	左に同じ
現役並み所得Ⅰ （課税所得145万円以上 380万円未満）		80,100円＋（医療費総額−267,000円）×1％ [44,400円]	左に同じ
一般		18,000円 （年間上限144,000円）	57,600円 [44,400円]
住民税 非課税世帯	低所得Ⅱ	8,000円	24,600円
	低所得Ⅰ	8,000円	15,000円

※[ ]の金額は，過去1年間に4回以上高額療養費の支給を受けたときの4回目以降の限度額。
※「低所得者Ⅰ」は，たとえば単身世帯で年金80万円以下。

[世帯分離前]

　モデル・渡辺家の場合は，母親（73歳，年金収入75万円）と息子（45歳，収入900万円）の2人世帯。母親が同一月内で，ひと月入院した。渡辺家の所得区分は，「イ　旧ただし書き所得600万円超〜901万円以下」に該当すると仮定すると，世帯全体の自己負担限度額は「167,400円＋（医療費総額−558,000円）×1％」となります。母親の一部負担金が7万円だったとしますと，自己負担限度額内なので，まるまる7万円支払って，それでお終いとなる。

[世帯分離後]

　モデル・渡辺家が，すでに世帯分離していれば，母親単身世帯の所得区分は，「住民税非課税世帯低所得Ⅰ」に該当し，入院の自己負担限度額は「1万5,000円」である。

　渡辺家のメリットは，入院時の「食事代」でも発生する。これは，次の

節で説明する。

◎世帯分離のマイナス面

　国民健康保険に限らず医療保険では，高額療養費は世帯で計算する。だから，２人以上病人がいると，世帯分離は不利に作用することがある。

　たとえば，73歳父が高額医療患者（低所得），70歳母元気（低所得），45歳息子（年収500万円）の３人世帯の場合，「73歳父」と「70歳母・45歳息子」の世帯分離でメリットが発生していた。しかし，70歳母も急に高額医療患者になった。そうなると，この世帯分離では「負担上限額」の点からマイナスになる。だから，「73歳父・70歳母」と「45歳息子」に世帯変更するのがベターだ。介護保険で書いたことと同じである。

　また，平成20年４月から始まった高額医療・高額介護合算制度でも，世帯で計算する。ということは，１家に２人以上の病人，または２人以上の要介護者，あるいは２人以上の病人・要介護者がいる場合で，高額の負担が発生する際は，世帯分離はマイナスに作用するケースが発生する。マイナスならば，ためらうことなく世帯合併する。

◎高額療養費の時効

　時効は２年間。結構大勢の人が「高額療養費の申請書」を役所から送られてきても理解できず，時効になってしまう。毎年，約10億円もある。もったいない。

　なお，詐欺集団がこれをネタに活動しているから，ご用心。

⑨ 世帯分離で入院時の食事代が安くなる

■入院時食事代

病院に入院すれば，病院で食事をするので食事代を支払う。この食事代，

2016年（平成28年）に値上げした。そしたら，2018年（平成30年）にも値上げした。もう当分，値上げはないと思う。

この食事代も，所得区分で金額が異なる。したがって，ここでも世帯分離の威力が発揮される。

モデル渡辺家，母親（73歳，年金収入75万円）と息子（45歳，収入900万円）の2人家族の場合，母親が入院した場合，2人世帯であれば，1食460円。世帯分離してあれば，1食100円である。1ヵ月分の差は，（460円−100円）×3食×31日＝3万3,480円となる。

図表4−14　70歳未満の人の入院時食事代

所得区分	食事代
一般（課税世帯）	1食460円
非課税世帯の人	90日目までは210円，91日以降は160円

図表4−15　70歳以上の人の入院時食事代

所得区分	食事代
現役並み所得者（課税世帯）	1食460円
一般（課税世帯）	1食460円
低所得者Ⅱ	90日目までは210円。91日以降160円
低所得者Ⅰ	1食100円

■療養病床に入院したときの食事代・居住費

病院の病床は5つに分類される。一般病床，療養病床，精神病床，感染症病床，結核病床である。

精神病床は世界的に全廃もしくは急性期限定の極少数で事足りるというのが当然視されているが，日本では世界的に見て異常なほど精神病床が多い。

新型コロナで感染症病床の体制不備が，またも発覚した。10年前の新型インフルエンザのパンデミック（世界的大流行）で，日本の感染症入院体制が大混乱し，感染症病床の体制を整備することが総括された。しかし，

死者が少なかったためか，総括しただけで，何もしていなかったことが新型コロナで判明した。

それはともかくとして，療養病床とは，慢性期の疾患を扱う病床である。そして，療養病床は3つに区分されていて，医療区分1は介護施設に近似している。医療区分2と3は，医療の必要性が高い疾患の患者を対象とする。

療養病床に入院したときの食事代・居住費に関しても，所得区分で金額が異なっている。つまり，世帯分離が威力を発揮する。

図表4-16 療養病床（医療区分1）の生活療養標準負担額（食事代・居住費）

所得区分	1食当たり食事代	1日当たり居住費
課税世帯で入院生活療養1	460円	370円
課税世帯で入院生活療養2	420円	370円
非課税世帯低所得者Ⅱ	210円	370円
非課税世帯低所得者Ⅰ	130円	370円

※入院生活療養1と2の差は，管理栄養士などの配置有無による。

図表4-17 療養病床（医療区分2・3）の生活療養標準負担額（食事代・居住費）

所得区分	1食当たり食事代	1日当たり居住費
課税世帯	460円	370円
非課税世帯低所得者Ⅱ	90日目までは210円，91日以降は160円	370円
非課税世帯低所得者Ⅰ	100円	370円

■限度額適用・標準負担額認定証

医療費の自己負担減額，入院時の食事代と居住費に関して，「低所得者」は負担が軽減されている。低所得者が入院を決めたなら，入院前に役所で「限度額適用・標準負担額認定証」を申請して受け取り，それを持って入院したほうがよい。これがないと，いったん支払って，後日精算という面倒なことになる。くれぐれも，事前に「限度額適用・標準負担額認定証」を申請して，入手してください。なお，後期高齢者医療制度でも同じ

である。

10 差額ベッド料の誰も教えない秘密

■これを知れば大安心

　大部屋（5人以上）は差額ベッド料なし。だから，大部屋に入れば何も心配なし。ところが，「大部屋は満員です。2人部屋か個室なら空いています」と言われたりする。やむなく，差額ベッド料を必要とする部屋に入院してしまうことがある。

　家計防衛本隊は，「そもそも差額ベッド料は支払う必要があるのか？」と疑問を持つ。

〈重要事項〉

　差額ベッド料は，患者の意に反して請求してはならない

　このことを記憶すれば，もう大安心。

　1997年（平成9年）3月14日（保険発第30号）『特定療養費に係る療養の基準の一部改正に伴う実施上の留意事項について』は，普通の人にとって，とても重要な文書。厚労省のHPから取り出して読んでください。読めば，大安心。肝心部分を要約する。

- 差額ベッド料は，患者の自由な選択と同意に基づく。患者の意に反して，差額ベッド料を請求してはならない。

　　※病院側が「他に病室がない」という理由で，差額ベッド料が必要な病室へ入れた場合は，差額ベッド料を支払う必要がない。

- 患者本人の「治療上の必要」により特別療養環境室へ入室させる場合は，請求できない。

　それにつけても，どうして，この重要情報が広がらないのだろうか。不思議や不思議，摩訶不思議。

なお，2005 年（平成 17 年）9 月 1 日（保医発第 0901002 号）『療養の給付と直接関係ないサービス等の取扱いについて』も，厚労省の HP から取り出して読んでください。「療養の給付と直接関係ないサービス等」に関しても，患者の自由な選択と同意に基づかねばならないことが記載されている。

[11] おむつ代，先進医療，治療費未払い

■おむつ持ち込み禁止病院が増加

家計簿視点で，おさらいしてみよう。

◎毎月の保険料……安くできるケースもある。

◎保険給付の一部負担金（原則 3 割）……負担限度額を安くできるケースもある。

◎保険給付以外の支払い

- 入院時の食費……安くできるケースもある。
- 差額ベッド料……厚労省通達を知れば心配無用。
- その他の雑費……（おむつ代が問題）
- 先進医療……全額自己負担

ほとんど議論になっていないが，負担が大きいのは，その他の雑費の中の「おむつ代」である。「持ち込み禁止」の病院が急速に増加している。そのため，月額 4〜6 万円を「おむつ代」として支払うケースが普通になりつつある。街のドラッグストアで買えば，2〜3 万円程度ですむと思われるが，「持ち込み禁止」なので，馬鹿高い支払いとなる。

市区町村の中には，要介護高齢者に「おむつの現物支給」をしているところがあるが，それさえも持ち込めない。杉並区では，私が提案して，入院中は「おむつ現物支給の代わりに，その分を現金で」という制度が発足

した。

　病院指定のおむつが必要ならば，包帯と同じことだから医療費に含める
べきなのだが，さっぱり議論すらされていない。

　そして，天下の宝刀がキラリ。差額ベッド料のところで述べた，厚労省
の 2005 年（平成 17 年）9 月 1 日（保医発第 0901002 号）『療養の給付と直
接関係ないサービス等の取扱いについて』を思い出してください。「療養
の給付と直接関係ないサービス等」に関しても，患者の自由な選択と同意
に基づかねばならないことが，記載されてある。

■先進医療とは「検証中医療」

　保険診療になる前の検証中の医療技術で，全額自己負担である。医療機
関から，治療の内容と医療費の仕組みに関して詳しい説明があるから，納
得したうえで選択する。言葉のイメージからすると，「先進医療」は「す
ばらしい」となるが，「検証中医療」は「なんか実験台みたい」となる。

■治療費未払いが増加

　私のところへも，稀に「病院の入院費用が払えない」と相談に来る家族
がいる。「相談されて，どうするの？」という質問が出そうなのであるが，
「ケース・バイ・ケースの答えがある」としか書けない。

　実際問題として，患者が病院への支払いを「踏み倒す」ことが増加して
いる。1 病院当たり，年間約 2,000 万円から 4,000 万円が踏み倒されている
ようだ。

　原因は，「低所得者の増加」と「医療費の自己負担増」の 2 つであり，
「モラル低下」は案外少ないようだ（「日経新聞」平成 17 年 3 月 7 日付，
「朝日新聞」平成 18 年 4 月 9 日付参照）。

第 **5** 章

後期高齢者医療制度と
世帯分離

1 大混乱で出発

■後期高齢者医療制度の創設と廃止棚上げ

　2008年（平成20年）4月1日から，75歳以上の高齢者全員，約1,300万人が新たに創設された「後期高齢者医療制度」に移行した。目的は，「医療費適正化（抑制）」すなわち「国費投入削減」である。

　しかし，高齢者は爆発的に激怒拡大。そのため，政府は，4月1日のスタートの日に，突然，「長寿医療制度」という通称を決めた。日本の総理と厚労大臣は，言霊思想を信じているらしい。言霊思想とは，「するめ，するめ」と言っていると本当にすってしまうから，「アタリメ」と言い換える。「アタリメ」「アタリメ」と言っていると本当に大当たりで良いことが起きる。あるいは，古代から，「蘆」を「葦」と言い換える。これが，言霊思想で，1つの日本文化である。

　大反発が盛り上がったため，自公与党が発表した見直し案は，1年間で4回もあった。厚労相の私案は事実上の「後期高齢者医療制度の廃止」であった。もう，何が，どうなるのか，訳が分からない事態になった。

　そして，2009年（平成21年）夏の総選挙で「政権交代」となり，同年，「廃止」が決定された。「廃止後の制度」に関しては，厚労相主宰の高齢者医療制度改革会議の2010年（平成22年）12月20日発表の「高齢者のための新たな医療制度等について（最終とりまとめ）」が基本になるとされた。そう思っていたら，2012年（平成24年）の6月，消費増税がからんだ民自公の三党合意で，「廃止」は棚上げされた。どうなることやら……。要するに，右往左往の末，賛否は別にして，存続することになった。

■ボイルド・フロッグ寸前に，熱さに気づく

　なぜ，大反発・大反対が盛り上がったのか。

　「ボイルド・フロッグ」（boiled frog＝ゆでガエル）のたとえ話を思い出

した。水を入れた容器にカエルを入れる。一挙に熱湯化させると，カエル
はびっくりして，容器から飛び出る。しかし，少しずつ温度を上げると，
カエルは温度上昇に気がつかずお湯の中にいる。そして，静かに「ボイル
ド・フロッグ」となって死んでしまう。

　もう，何年も前から，高齢者の負担はドンドン増加していた。後期高齢
者医療制度スタート時，初めて「熱い！」と気がついて，大暴れ。「我慢
も限界に来た！」ということか……。**図表5－1**から明確に分かるが，平
成20年度の高齢者の負担額は，平成14年度に比べて，2倍3倍4倍は当
たり前だった。

図表5－1　所得税・住民税・国保保険料（→後期保険料）・介護保険料の
合計額　　　　　　　　　　　　　　　（東京都杉並区民の場合）

	75歳以上，単身者 年金180万円の場合	75歳以上，夫婦世帯 夫の年金240万円の場合
平成14年度	3万4,690円	10万7,600円
平成15年度	3万5,190円	11万2,800円
平成16年度	3万6,060円	11万4,400円
平成17年度	3万6,630円	11万8,200円
平成18年度	8万3,966円	18万2,738円
平成19年度	12万9,709円	21万7,164円
平成20年度	11万7,460円	26万3,920円
平成21年度	11万6,140円	25万1,980円
平成22年度	11万6,540円	25万8,380円

　気になるデータがある。

　高齢者（65歳以上）の刑法犯摘発者数が激増しているのだ。1998年（平
成10年）は約1万3,000人だったが，2017年（平成29年）は約4万6,000
人。約3.4倍である。刑法犯全体の高齢者が占める割合も，4.2％から
21.5％に増加。そして，高齢者の刑法犯の約半数は万引きである。

　刑法犯全体の認知件数は，2002年（平成14年）をピークに連続減少。し
たがって，総犯罪件数は減少傾向にあるが，そんな中で，高齢者の犯罪

（とりわけ万引き）の急増は，きわめて目立つ。「高齢者の貧困化」→「高齢者の万引き激増」が明らかなのだ。

　　　万引きし　逃げて転んで　捕まった

　そんな悲しい事件が，毎年，「万の数」で発生している。刑務所の老人ホーム化は笑い話でなくなっている。

■理解不可能

　それにしても，あれだけの大反対世論が巻き起こったからには，原因は「ボイルド・フロッグ説」（生活ギリギリ高齢者が多い）だけではないと思う。

　むろん制度自体が内包している矛盾・欠陥が多数あった。たとえば，75歳の線引きは「平成の姨捨山」なんて言われた。「後期高齢者」という名称への違和感も大きかった。保険料がアップした人が大勢いた（ダウンした人もいたが，ダウンの人は無口だ）。保険料の年金天引きも反発を招いた（最終的に選択制になった）。その他いろいろたくさん……。

　今思い出すと，高齢者負担の増大，制度自体の欠陥とは別に，次の3点が大きな原因かな，と考える。

①事前周知期間なし

　基本的に時間の余裕がなくスタートした。2008年（平成20年）2月になっても，新制度の重要部分が決まっていなかった。

　2008年（平成20年）4月1日から必要な「被保険証」が後期高齢者に届いたのが3月下旬。「こりゃ何だ」と思っていたら，4月7日〜10日に保険料の通知が来た。「何だろう」と思っていたら，15日には年金から天引きされた。

　とにもかくにも，4月1日スタート。その時点では，全員が自分の保険料が不明だったから，何だ，何だ，こりゃ変だ……となるのは自然。

　こうしたことは，後期高齢者医療制度のときだけでなく，介護保険創設

のときも，障害者自立支援法のときも同じであった。

②ミス周知

　制度がスタートした4月，私は，7～8ヵ所の後期高齢者医療広域連合のホームページを見た。驚いたねー，こりゃダメと感じた。

　大阪・愛知の広域連合のホームページには，保険料の基本計算式すら登場しない。

　宮崎の広域連合のホームページには，「保険料の低所得者に対する均等割軽減措置」の記述で，「世帯の被保険者数」と書くべきところを，「世帯の人数」と誤りを犯している。

　半数のホームページには，低所得者に対する均等割軽減措置の部分で，「年金所得は15万円控除（高齢者特別控除）」の記載が欠落している。

　ホームページだけの話ではなかった。

　スタート直前に，東京広域連合が後期高齢者（113万人）に保険証と一緒に郵送したパンフレットは，完全な欠陥パンフレット。保険料所得割の基本公式は［（所得－33万円）×6.56%］なのに，［所得×6.56%］と大間違い。また，均等割の軽減措置の部分でも「年金所得は15万円控除（高齢者特別控除）」が欠落していた。

　「これは，いかん。一番正確な情報を持っている場所がミス情報を発信している。大改革を実行するのに『石橋を叩いて渡る』余裕がない。準備時間がなくて混乱している」

　そう直感した。

　しかし，役所に「住民から，パンフレット・ミスやホームページ・ミスで，苦情が来たか？」と尋ねたら，「ミスを指摘したのは，太田さんだけ」と言う。

　ということは，ほとんどの人が「何も分からない霧の中」状態で，スタートする……そのことに，ゾッとした。あの感覚を今でも覚えている。

　役所の最前線ですら，ミス続出であるから，混乱発生は至極当然と思った。

③高齢者と新制度

　仮に，事前周知期間があっても，ミス周知がなくても，混乱したと思う。そもそも，75歳以上となれば，「新しいこと」を理解する能力が低下しているものだ。さらに言えば，後期高齢者医療制度のベースになっている国民健康保険の仕組みを，大半の人々はまるで理解していない。「75歳になって，一から『複雑な医療保険制度』を勉強してください」は事実上不可能である。

2 制度の概要

　後期高齢者医療制度は「廃止か存続か」大騒動したが，現実に存続しているので，概略を説明する。

■基本的仕組みと家計簿目線

　国保をベースに設計したから，似たようなもの。最大の違いは，支援金投入である。

①毎月の保険料……加入者は，医療の必要性の有無にかかわらず，毎月，保険料を支払う。

②公費と支援金……保険料だけでは全く不足なので，「公費（国・都道府県・市区町村）」と「各医療保険から支援金」を貰い受ける。財政的には，「支援金」が最大ポイント。

③一部負担金……実際に，医療を受けると，患者は窓口で一部負担金（原則1割）を支払う。

　家計簿目線から考えれば，次のようになる。第4章の国保で書いたことと，ほとんど同じ。

①毎月の保険料……安くならないか。★安くなるケースもある。

②公費と支援金……直接，家計簿には関係なし。

③保険給付の一部負担金（原則1割）……1割負担と言っても，月額10万，20万のケースもある。こうした高額負担の場合，月間の負担限度額が決められている。この負担限度額が安くならないか。★安くなるケースもある。

④保険給付以外の支払い

- 入院中の食費……安くならないか。★安くなるケースもある。
- 差額ベッド料……「大部屋（5人以上）ならば，なし」，「差額ベッド料は，患者の意に反して請求してはならない」を知れば，大安心。
- その他の雑費……おむつ代が問題だが，誰も何も言わない。
- 先進医療……お金を全額自己負担して「検証中医療」を受けること。医師とよく相談を。

■都道府県後期高齢者医療広域連合

都道府県別に，すべての区市町村が加入する広域連合が運営する。その名称は，たとえば，「東京都後期高齢者医療広域連合」「神奈川県後期高齢者医療広域連合」という。間違いやすいが，運営者は東京都や神奈川県ではなく，「市区町村が加入する広域連合」である。住民にとって，「見えにくい，分かりにくい団体」が運営する。

■75歳以上全員が対象（被保険者）

後期高齢者医療制度の被保険者は，次のとおり。

①75歳以上の高齢者全員，約1,300万人。どの公的医療保険に加入していても，全員が自動的に新制度に移行。「イヤダ，イヤダ」と駄々をこねても，自動的（手続きなし）に移行。なお，2020年には約1,690万人に増加している。

②65歳以上75歳未満の方で，一定の障害の状態にある人は被保険者になることができる。「どっちが得なのか，よく分からない」から，混乱した。

■保険料の金額は？

①被保険者1人ひとりに対して保険料の計算を行い，賦課・徴収する。世帯単位ではない。個人主義なのだが，「低所得者の均等割軽減」では，「変則的世帯主義」が登場する。ここを，しっかり押さえてください。

②保険料計算の基本

保険料計算の幹は，次の3つ。

（幹の1）基本計算式（国保の2方式と同じ）

$$保険料年額＝均等割金額＋所得割金額$$
$$（所得－33万円）×所得割率$$

（幹の2）低所得者に対する軽減措置（反対運動によって，この部分が拡大）

（幹の3）導入に当たっての激変緩和措置（反対運動によって，この部分が変化）

図表5－2 東京・大阪・福岡の保険料

東京都後期高齢者医療広域連合の場合（幹の1）…令和2年度・3年度

年　額 ＝ 均等割金額 ＋ 所得割金額
（4万4,100円）　　（所得－33万円）× 所得割率：8.72%）

大阪府後期高齢者医療広域連合の場合（幹の1）…令和2年度・3年度

年　額 ＝ 均等割額 ＋ 所得割額
（5万4,111円）　　（所得－33万円）× 所得割率：10.52%）

福岡県後期高齢者医療広域連合の場合（幹の1）…令和2年度・3年度

年　額 ＝ 均等割額 ＋ 所得割額
（5万5,687円）　　（所得－33万円）× 所得割率：10.77%）

※上限額は，全国共通で被保険者ごとに64万円。国保は市町村によって金額が異なる。また，国保では個人ではなく世帯で○○万円となっている。

3つの広域連合**図表5－2**を見比べれば分かるように，均等割額と所得割率の数字が異なっている。つまり，同一所得ならば，福岡は高く，東京は安い。保険料の都道府県格差は，約1.5倍ある。

■保険料率の決め方

　国民健康保険の保険料率の決め方をベースに設計された。ベースが分からないと，理解できないが，ベースを知っている人は極，極，極少数に過ぎない。

第1段階：医療費総額を予想し，賦課総額（保険料総額）を決める。国保と同じ。

第2段階：賦課方式は2方式（均等割＋所得割）に決定。国保は，2方式・3方式・4方式があり，自治体の選択が可能。

第3段階：賦課割合は「名ばかり標準割合」となった（事実上，「所得係数」が決める）。国保は，自治体によって選択が可能。

第4段階：所得割の算定基礎は「旧ただし書き所得」に決定。国保は5パターンあるが，平成25年に「旧ただし書き所得」に統一する方針を示した。ほぼ，実現した。

第5段階：保険料率を決める（自動的に決まる）。

第6段階：低所得者への軽減措置。全国共通の1パターン。ただし，東京だけは，独自の所得割上乗せ軽減を実施。

　後期高齢者医療制度が大反発を受けた原因の1つは，「保険料が高くなった」であった。本当か？「上がった人もいれば，下がった人もいる」が正解である。問題は，その割合である。厚労相は「7～8割の人が安くなった」と発言したが，正解は「分からない」である。「分からない」では袋叩きになるので，ズサンな資料で取り繕ったので，一層の混乱を生んだ。

　国保料の決め方は，市町村によってバラバラ。つまり，数百種類もの保険料率の決め方がある。それでもって，所得の高低，家族構成はバラバラ。

だから，「何割の人が高くなったか？」は計算困難であった。

■所得係数

　さて前段で，——第3段階：賦課割合は「名ばかり標準割合」となった（事実上，「所得係数」が決める）——と書いた。その意味は……。国は〔応能割（所得割）：応益割（均等割）＝50：50〕の標準割合に決めた。それでは，地方が標準割合を参考にしつつも，自由に賦課割合を決められるのか。答えは，NO である。国の「所得係数」によって自動的に決まる。

　所得割総額＝均等割総額×所得係数

　所得係数＝被保険者の当広域連合1人当たり所得÷全国1人当たり所得

　東京の平成20年・21年の所得係数は1.72である。つまり，東京の後期高齢者は全国平均「1」に比べ，1.72倍の所得があるという意味（全国最高）。最低は青森の「0.59」である。ちなみに，大阪は「1.14」である。所得係数が高い（高所得者が多い）ということは，所得割割合が大きくなるということで，賦課割合（所得割と均等割の比率）は，所得係数で，いわば自動的に決まる。

　結論を言えば，保険料率（均等割が何円，所得割が何％）は，地方は国が決めた設計図に基づき，自動的に決めるだけになった。

　なお，低所得者への軽減措置に関しては，東京都広域連合だけが独自の上乗せ所得割軽減を実行している。低所得者への軽減措置だけは，地方側に裁量権があるということ。

③ 低所得者に対する軽減制度（減額制度）

　後期高齢者医療制度の保険料は，国保でいうところの「2方式」，すなわち，応益割（＝均等割）と応能割（＝所得割）で計算する。国保の減額

制度（軽減制度）は，応益割だけの話である。後期高齢者医療制度でも，当初は応益割（＝均等割）だけの制度だったが，反対運動によって応能割（＝所得割）にも軽減制度（減額制度）が生まれた。

■均等割額の軽減

「所得」が「一定基準以下」ならば，均等割（＝応益割）を軽減する。

低所得のため，この軽減措置の対象になる数は，おそらく後期高齢者1,300万人のうち600万人が該当すると思われる。要するに，後期高齢者の46％は軽減措置をせざるを得ない低所得者なのだ。

重要な点は，国保でもくどくど説明したが，所得税の確定申告も住民税の申告もしていない人は，役所としては，その人の所得が掌握できない。そのため，「本当は軽減措置を受けられるにもかかわらず，受けていない」人が大勢発生していると想像する。くれぐれも，ご注意を。

①誰の「所得」で判断するのか

保険料の計算は個人主義だが，軽減措置の場合は，「世帯主および被保険者全員の所得」という，言うならば「変則的世帯主義」で計算する。

ともかくも，たとえば被保険者（後期高齢者）の所得が極めて低くても，世帯主（たとえば50歳の息子）の所得が高ければ，この均等割の軽減は受けられない。世帯主がどの保険加入者であっても，世帯主の所得は軽減判定の金額に含まれる。したがって，「世帯分離を」という話になる。

②均等割軽減基準

国保の軽減（減額）判定基準と，ほぼ同じである。本来は国保と同じ「7割・5割・2割」軽減であったが，大反対運動によって，7割軽減が，8.5割軽減と9割軽減になった。そして，漸次，本則の7割に向かって動いて，どうやら，2021年（令和3年度）には，7割になる。

総所得金額等の合計額が下記に該当する世帯		軽減割合	
		令和2年度	令和3年度
33万円以下		7.75割	7割（本則）
	後期の被保険者全員が，年金収入80万円以下（その他の所得がない）	7割（本則）	
33万円＋(28.5万円 × 被保険者数) 以下		5割	
33万円＋(52万円 × 被保険者数) 以下		2割	

③均等割の軽減判定の場合だけ…高齢者特別控除

　均等割の軽減判定をする際の所得では，65歳以上で公的年金の所得の場合だけは，15万円（高齢者特別控除）を引き算する。これは国保と同じである（高齢者の医療の確保に関する法律施行令第11条）。

■所得割軽減が登場した

　国民健康保険の箇所で記載したが，国民健康保険料の所得の低い人への対応は，

　　減額制度（軽減制度）…応益割（均等割）…原則申請不要

　　　　　　　　　　　　…7割・5割・2割減額

　　減免制度　　　　　　…応能割（所得割）…申請主義

である。これを，見習って後期高齢者医療制度は創設された。所得の低い人への対応は，国保と同じであったが，大反対運動によって，前述したように，均等割の7割の部分に9割と8.5割をつくった。これは，まあ，小修正であった。そして，令和3年度には，国保と同じように，7割に立ち返る。

　ところが，大反対運動によって，所得割の5割軽減が生まれた。大反対運動を鎮静化させるため，「なりふり構わず」ということだったのでしょう。しかし，所得割5割軽減は2016年度（平成28年度）までで，2017年度（平成29年度）は2割軽減に縮小され，2018年度（平成30年度）以降は，所得割の軽減は消滅した。当初想定していた姿に立ち返った。

しかしながら，東京広域連合だけは，所得割の独自の軽減制度を今も存続させている。思い出すと，後期高齢者医療制度がスタートしたのが，2008年（平成20年）4月1日である。その1ヵ月少々前，東京広域連合は，低所得者への保険料軽減，しかも所得割部分の軽減を決めたのだ。数々の試算で，保険料がアップする低所得者が大勢いることを察知したため，まさしく土壇場の決定だった。それと，何と言っても，東京は財政力が強いから可能であった。

全国で東京広域連合だけが実施している所得割の軽減措置の内容は，当初の内容よりは縮小しているが，令和2・3年度は**図表5－4**である。

図表5－4 東京広域連合独自の所得割の軽減

（令和2・3年度）

	旧ただし書き所得の区分（年金収入のみの場合）	軽減割合
①	15万円以下（年金収入168万円以下）	50%
②	20万円以下（年金収入173万円以下）	25%

※旧ただし書き所得とは，「所得−33万円」のこと。

■激変緩和措置

後期高齢者医療制度がスタートした時点では，数々の激変緩和措置があった。そして，大反対運動の中で拡大・変化した。現在では，次のものが残っている。

たとえば，74歳の母（年金100万円）と45歳の息子（サラリーマン）の2人家族を想定する。息子は会社の健康保険に加入していて，母はその被扶養者である。被用者保険（協会けんぽ，組合健保，各種共済）は被扶養者がゼロ人でも何人でも保険料は同じである。

1年たって，母が75歳になりました。母は，自動的に被用者保険を脱会して，後期高齢者医療制度に加入することになります。つまり，母は，保険料無料だったのが，新たに保険料が発生する。それは気の毒というわけで，激変緩和措置がある。この激変緩和措置も，当初に比べれば随分縮小されてきた。

なお，余談ながら，新型コロナで，国民健康保険料と介護保険料では，国はかなり大がかりな保険料のコロナ特例減免を実施した。後期高齢者医療保険料でも同様に，コロナ特例減免を実施したが，ほとんどPRされていない。

図表5－5　被扶養者だった人の保険料の軽減

（令和2・3年度）

	均等割	軽減割合
加入から2年間	5割軽減	負担なし
加入から2年経過後	軽減なし	負担なし

■減免制度は利用者ゼロ

　国民健康保険の箇所で書いたが，国保料の減免制度は，大半の市町村で，制度はあれども利用者ゼロという「世にも不思議な物語」となっている。災害のときだけの制度という誤解が広がっている。なんとか，「生活が著しく困難」（生活保護基準の115％以下の収入）のケースの利用・普及を願っている。そんな気持ちである。

　後期高齢者の減免制度も，まったく同じで，制度はあれども利用者ゼロである。東京中でゼロである。いくらなんでも，利用者ゼロってことは，おかしすぎる。それで，2019年秋に，塩村あやか参議院議員と私を含めて4人の地方議員で東京広域連合へ，減免制度の普及・啓発の要望を行った。その場で，「分かりました，取り組みます」でした。その効果かもしれないが，令和2・3年度の「後期高齢者医療制度」のガイドブックの裏表紙には，大きく「保険料の減免について」が印刷された。

　要約すると，①災害等で資産が著しい損害を受けた場合，②事業の休廃止等により収入が著しく減少した場合，申請により保険料が減免となる場合がある。

　保険料の減免期間は，原則3ヵ月以内，さらに3ヵ月延長できる。当該年度内6ヵ月を限度とする。

　そんな内容である。なんにしても，減免制度の普及の第1歩である。

④ 保険料の納め方

■原則は年金天引きだが，選択制になった

　年金が年額 18 万円以上の場合，年金から天引き（特別徴収）。他は，納付書や口座振替で収める（普通徴収）。人数的には，75 歳以上，約 1,300 万人のうち，年金天引きが約 1,000 万人，普通徴収が約 300 万人……ということで出発したが……。

　　※75歳以上で，無年金・低年金（年間18万円未満）が約300万人いる。

　巨大反対世論が勃発。反対論の 1 つは「年金天引きはケシカラン」であった。政府が「年金天引きは便利」と PR しても，効き目はなかった。政府の本音は「年金天引きは確実に徴収できる。滞納者を減らす」ということなのだが，日々の生活費の遣り繰りに工夫している人にとっては，問答無用のお上の強制に思えた。政府は 1,000 円，2,000 円の支払い時期に悩むギリギリ生活者の心情に思いが至らなかった。巨大反対世論によって，紆余曲折を経て，結果として，年金天引きと口座振替の選択制となった。

　なお，65 歳～74 歳の前期高齢者で国民健康保険に加入している方で，一定の条件に該当している場合，2008 年（平成 20 年）4 月分から年金天引きとなった。しかし，これも年金天引きと口座振替の選択制になった。

■年金天引きの「隠れ増税」を阻止！

　所得税の社会保険料控除は，「納税者が自己又は自己と生計を一にする配偶者やその他の親族の負担すべき社会保険料を支払った場合又は給与から控除される場合などに受けられる所得控除」である。対象者は，「納税者本人」，「生計を一にする配偶者」，「生計を一にする親族」である。この文章を熟読玩味してほしい。「扶養がどうの…」・「同居がどうの…」・「同一世帯がどうの…」は関係なし。誰の財布から支出されたか，がポイント。

さて，本人・配偶者・親族の社会保険（医療保険・介護保険・年金保険・雇用保険。労災保険は労働者の負担なし）の保険料全額が，所得税の所得控除となる。したがって，かなり大きな控除額となる。

問題は，保険料の年金天引きが，「隠れ増税」になることである。

そもそもの始まりは，2000年（平成12年）4月1日の介護保険スタートにあった。介護保険の第1号被保険者（65歳以上）の保険料は原則「特別徴収（年金からの天引き）」とされた。

・年金が年額18万円以上……特別徴収（年金からの天引き）

老親が，保険料が年金天引きの場合は，老親が支払ったので，息子の社会保険料控除に算入できない。

・年金が年額18万円未満……普通徴収（納付書または口座振替）

老親が，保険料が年金天引きでないので，息子が支払っていれば社会保険料控除に算入できる。

あのときは，介護保険がまったく新しい制度発足だったので，矛盾に気がつかなかった。矛盾とは，「年金天引きか否か」で，息子の社会保険料控除が変化し，つまりは息子の税額が変化することである。

そして，2008年（平成20年）4月1日，後期高齢者医療制度がスタートした。介護保険と同様に，保険料が年金（年額）18万円以上は特別徴収（年金からの天引き），18万円未満は普通徴収（納付書または口座振替）となった。私は，このとき，「年金天引きか否かによって，息子の税額が変化」という矛盾に気がついた。

後期高齢者医療制度のスタートに合わせて，国民健康保険でも一定の条件に該当する人の国保料は，年金天引きとなった。

したがって，「年金天引き→息子の社会保険料控除減少→息子の所得税・住民税の増税」が大量に発生する。税制改正なしの「隠れ増税」である。塵も積もれば山となる。総額数百億円の「隠れ増税」が推定された。

私は，国民が「隠れ増税」に気がついて，大反対運動が勃発する……と予測し，「隠れ増税」論を流行させるべく行動してみた。でも，「年金天引き」に関しては，素朴な「年金天引きはケシカラン」レベルでの反発は盛り上がったが，「隠れ増税」論はさほど注目されなかった。しかしながら，後期高齢者医療制度への怒涛の超大反対世論が形成された。

超大反対世論によって，保険料支払い方法は，結局，「年金からの天引き」と「口座振替」の選択制に改正された。

国保でも，同様の選択制になった。

したがって，「保険料の年金天引き」→「息子の社会保険料控除額の減少」→「増税」の人は，市区町村へ届け出て，老親の保険料を「息子の口座振替」にすれば，「隠れ増税」を阻止できることになった。

なお，脳味噌が混乱する話だが，老親と息子が同一世帯で，息子が世帯主の場合は「年金天引き」でも息子の社会保険料控除にカウントできる。

■保険料の納入が困難になったら……

年間18万円未満の低額年金者や無年金者が300万人。その中には，保険料の納入が困難になる人も大勢生まれる。

とにかく，とにかく，役所の窓口へ相談に行く。介護保険の地域包括支援センターで相談してもよい。「ケース・バイ・ケースの何らかの対応策」があるかもしれない。正直に相談に行ってください。窓口で喧嘩をしないこと。最低2回は相談に行ってください。昔々から，正直お爺さん・正直お婆さんは救われることになっています。

5 窓口での支払い

■一部負担金……1割か3割か

医療保険は，毎月の保険料を支払っていれば，病気になった場合，医療費の一部を負担すればよい——という制度だ。後期高齢者医療制度の場合，

原則1割負担。

　ただし「現役並み所得者」とされた人は3割負担。「現役並み所得者」とは，「住民税の課税所得額が145万円以上」である。さりながら，次の①②③を除く（申請が必要）。

　　①世帯に高齢対象者が1人の場合……高齢対象者の収入が383万円未満

　　②世帯に高齢対象者が2人以上の場合……高齢対象者全員の収入合計が520万円未満

　　③高齢対象者が1人で，収入が383万円以上，かつ，同一世帯で国保から後期高齢者医療制度に移行した人との収入合計が520万円未満

　こんな文章は，読んでもすぐ理解できるものではない。だから，3割負担の人は役所に相談に行くことをお勧めする。駄目でもともと。

■一部負担金……2022年度に2割負担が登場か

　一部負担金は，現在は，「原則1割負担，ただし，現役並み所得者は3割負担」となっている。しかし，政府の社会保障審議会の医療保険部会では，「2022年度から，現在の1割負担の一部分を2割負担に引き上げる」ことを検討している。

　後期高齢者の所得区分の人数分布は，「現役並み所得者が約7％，一般が約53％，住民税非課税世帯の低所得Ⅱが約23％，住民税非課税世帯の低所得Ⅰが約18％」となっている。低所得Ⅱと低所得Ⅰを1割負担に据え置くことは，ほぼ決まっている。問題は「一般」をどうするか，である。「一般」の全部を2割負担にするのか，「一般」の一部だけを2割負担にするのか，検討中である。どうなるか不明だが，2022年は，この問題で大騒ぎになると予測する。

■自己負担額の上限

　後期高齢者医療制度の場合，医療費の一部負担金は原則1割だが，大手術の場合など1ヵ月で200万円の医療費がかかることもある。すると，1

割でも 20 万円となる。「それは大変だ」ということで，自己負担限度額が決まっている。負担限度額を超えた金額は戻ってくる。国民健康保険と同じ。低所得者になれば，安い。

なお，後期高齢者医療制度の自己負担限度額の金額は，国民健康保険（70 歳以上）と同じである。

図表5－6 後期高齢者医療制度の自己負担限度額

（令和2・3年度）

所得区分	自己負担限度額 外来 （個人負担）	自己負担限度額 外来＋入院 （世帯単位）
現役並み所得Ⅲ （課税所得 690 万円以上	256,600 円＋（医療費総額－842,000 円）× 1 ％ [140,100 円]	左に同じ
現役並み所得Ⅱ （課税所得 380 万円以上 690 万円未満）	167,400 円＋（医療費総額－558,000 円）× 1 ％ [93,000 円]	左に同じ
現役並み所得Ⅰ （課税所得 145 万円以上 380 万円未満）	80,100 円＋（医療費総額－267,000 円）× 1 ％ [44,400 円]	左に同じ
一般	18,000 円 （年間上限 144,000 円）	57,600 円 [44,400 円]
住民税非課税世帯 低所得Ⅱ	8,000 円	24,600 円
住民税非課税世帯 低所得Ⅰ	8,000 円	15,000 円

※［　］の金額は，過去 1 年間に 4 回以上高額療養費の支給を受けたときの 4 回目以降の限度額。
※「低所得者Ⅰ」は，たとえば単身世帯で年金 80 万円以下。

■入院時の食事代

入院すれば，食事代を支払う。金額は国民健康保険の「70 歳以上」（**図表4－15**）と同じである。低所得者にカウントされれば，安くなる。

所得区分	食事代
現役並み所得者（課税世帯）	1食460円
一般（課税世帯）	1食460円
低所得者Ⅱ	90日目までは210円。91日以降160円
低所得者Ⅰ	1食100円

　また，療養病床へ入院したときの食事代に関しても，低所得者にカウントされれば安くなる。金額は，国民健康保険のところで掲げた**図表4-16**，**図表4-17**と同じである。

6 後期高齢者医療制度と世帯分離

■保険料は軽減措置で，威力発揮

　佐藤幹男の一家をモデルにして考えてみよう。東京都杉並区に住む3人世帯で，世帯主・佐藤幹男（63歳，年収400万円），妻（56歳，年収100万円），実父（88歳，年金年収36万円）の3人である。佐藤幹男と妻は，国民健康保険である。実父は後期高齢者医療制度である。

[世帯分離前]

　実父の年間保険料は何円か？

　後期高齢者医療保険の年間保険料は，［均等割＋所得割］である。

　実父の所得割は，年金収入36万円だけだから，所得に換算すると，計算するまでもなく所得は0円。よって，所得割は0円である。均等割は，4万4,100円である。

　実父の保険料は，均等割額4万4,100円＋所得割0円＝4万4,100円

　実父は低所得者の均等割軽減を受けることができるか？

　「低所得者に対する均等割軽減の所得基準」の所得とは，「同一世帯内の被保険者と世帯主の総所得金額等の合算額」である。

実父は年金収入36万円だから，計算するまでもなく所得は0円。

世帯主・佐藤幹男の収入は400万円。給与所得控除の134万円を引き算して，所得は266万円。

したがって，「同一世帯内の被保険者と世帯主の総所得金額等の合算額」は［0円＋266万円＝266万円］となる。所得266万円となると，**図表5－3**「均等割の軽減措置」に当てはまらない。

よって，実父の保険料は，年額4万4,100円となる。

[世帯分離後]

実父は単身世帯となっていた。実父の所得は0円だから，「33万円以下」に該当する。しかも，「年金年収80万円以下」だから令和2年度は7.75割軽減となる。よって，実父の保険料は［4万4,100円×2.25割＝9,922円］ということで，実父の保険料は，年間9,922円となる。

なお，世帯分離しなくても，世帯主変更で実父が世帯主になっても同じ効果が生まれる。

■低所得（住民税非課税世帯）になれば，自己負担限度額も食事代も安くなる

やはり佐藤幹男の一家をモデルにしよう。実父が1ヵ月（30日）入院した場合，どうなるか？

[世帯分離前]

自己負担限度は，「現役並み所得Ⅰ」に区分され，「80,100円＋（医療費総額－267,000円）×1％」である。仮定として，医療費の自己負担額を限度額内の7万円とする。

食費は「現役並み所得者」に区分され，1食460円である。

となると，医療費7万円＋（460円×90食）＝11万1,400円

[世帯分離後]

　自己負担限度額は，「住民税非課税世帯の低所得Ⅰ」に区分され，「1万5,000円」である。

　食事代も，「低所得者Ⅰ」に区分され，1食100円である。

　となると，医療費1万5,000円＋（100円×90食）＝2万4,000円

　世帯分離していると，「11万1,400円－2万4,000円＝8万7,400円」ということで，8万7,400円のお得となる。

■世帯分離のマイナス点

　すでに，「介護保険」の箇所でも，「国保」の箇所でも記載したことである。自己負担限度額は，世帯で計算する。単純に言えば，同一世帯で2人の後期高齢者がいて，2人とも高額の医療費が必要になっている場合，世帯単位で自己負担限度額を決めているので，2人でも1人でも，同額の自己負担限度額である。また，高額医療・高額介護合算制度もできた。これも世帯で計算する。

　だから，2人以上の高額病人がいる場合は，世帯の組み合わせによっては世帯分離が不利に作用することもある。どういう世帯の組み合わせがベストか，よくよく計算してみる。

■ピン・ピン・コロリは，あり得ない

　国全体の医療費総額が膨張している。何とか圧縮しようと，あれこれしている。小泉時代に「長野モデル」すなわち「医療費は少ないが長寿」ということで，「ピン・ピン・コロリ」なる言葉が流行った。高齢者になっても，元気でピンピンしていたが，ある日，コロリと亡くなった。医療費が少なくて，いいじゃないの。それが，医療費が少なくても，ピン・ピン・コロリになればいい。医療費削減しても大丈夫となって，医療費削減が推し進められた。

少し考えれば分かるのに，ピンピンコロリはあり得ない。高齢になるに
つれて，誰でも例外なく，ヨロヨロになっていくものだ。コロリと死ぬの
は交通事故の場合だけ。高齢になれば医療や介護は必要になるのだ。そん
なことは常識なのに，常識が無視された。常識を無視して，目立つ言葉を
発することが流行っているのかも……。

　それでは，国の医療費膨張は放置してよいのか，という声がでる。現段
階では，GDP に占める医療費の比率は先進国の中の平均的数字である。
ひどい数字はアメリカで，アメリカこそ医療費削減・医療改革に取り組む
べきだ。

　もちろん，日本も医療改革をしなければならないが，なぜか一般病院の
削減ばかりに目がいっている。精神病院削減，薬過多，「貧困減少は医療
費を減少させる」などへの取り組みが薄い感じがする。

　なお，「貧困減少は医療費を減少させる」に関して，若干説明しておき
ます。地域的に高収入地域は，１人あたり医療費が少ない。逆に，低収入
地域は１人あたり医療費が多い。高収入の人は，普段から健康に気を配っ
ている。もちろん，非医療費の健康関連支出も多い。逆に，低収入の人は，
かなり病状が悪化してから医者にかかる。重病だと医療費も大きくなる。
つまり，１人あたり所得の高低と１人あたり医療費の高低は，負の相関関
係にあるのだ。

　したがって，貧困者が減少すれば，医療費総額は抑制される。とても美
味しい話なのだが，なぜか，流行らない。

国民年金の保険料を
支払わなくてもよくなった

1 「年金ハウス」を, ザックリ眺める

■ 1階建て, 2階建て, 3階建て

　最初に一言。年金制度も, 医療保険制度と同じように複雑制度である。国民生活に密着している年金保険制度や医療保険制度が, 複雑ジャングルの理解不能レベルでは, まともな世論が形成できないのではないか……と, とても心配している。

　年金は, 「公的年金」と「私的年金」に大別される。

　大雑把に把握するために, とりあえず, ザックリと「年金ハウス」を眺める（**図表6－1**）。

図表6－1　年金ハウス

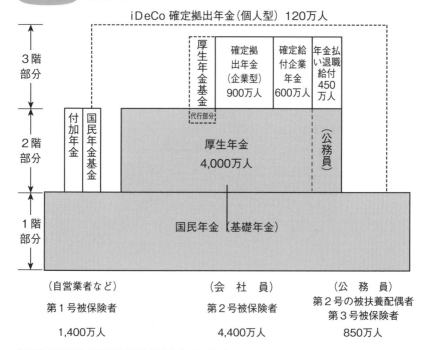

（出所）平成30年版厚生労働白書をもとに作成

◎公的年金……国民に加入の義務あり。国民年金・厚生年金・共済年金の3つ。ただし，2015年（平成27年）に共済年金は厚生年金に統合された。したがって，2015年以降は共済年金の受給権は発生しない。

◎私的年金……国民に加入の義務なし。

（A）公的年金を補完する位置づけの年金

　　㋐国民年金基金と付加年金

　　㋑確定拠出年金（企業型，個人型），確定給付企業年金。従来，厚生年金基金は，ここにあった。しかし，運用失敗により，解散して，確定拠出年金企業型，確定給付企業年金に移行することになった。現時点では，ほとんどが移行完了した。

（B）完全に民間会社・個人レベルの年金…通常，「年金ハウス」に入れない。いわば，「別荘」である。

　　㋒企業独自の自社年金。独自年金，企業年金基金ともいう。

　　㋓民間保険会社の個人年金，変額年金など。

■年金財政は算数に過ぎない

複雑だが，よーく考えれば，基本的に，次の公式が成り立てばよい。それだけの話だ。

> 働く世代が払う保険料 ＋ 国の負担金 ≧ 高齢者への給付額

年金制度をスカッと考えれば，「国民から集めたお金（働く世代が払う保険料と国の負担金）」を「高齢者に分配」するだけの単純算数のテーマである。

医療保険制度の改革は，病院・医師・看護婦・医学の進歩・大学医学部などの施設・人材・学術が複雑にからむので非常に難しいが，年金改革とは，しょせん算数の問題である。

2 国民年金の基礎知識

■国民年金は強制加入である

　強制加入であるから,「加入しない」という選択肢はない。「年金ハウス」の第1号・第2号・第3号のどれかに加入しなければならない。

　ただし, 保険料を滞納している人は非常に多い。

■保険料

①20歳～60歳……保険料を納入

　第1号被保険者は保険料を直接納入する。……2020年度（令和2年度）は年額19万8,400円（月額1万6,540円）である。2021年度（令和3年度）は, 年額19万9,320円（月額1万6,610円）である。

　第2号被保険者は厚生年金等の保険料に国民年金（基礎年金）分が含まれている。

　第3号被保険者は本人の保険料負担はなく, 配偶者の加入している年金保険者が負担する。専門家の間では「専業主婦優遇でおかしい」が多数派のようだ。

②保険料の納付義務者……ここが重要

　第1号被保険者「本人」が納付義務者である。本人が納付しない場合は,「世帯主・配偶者」が連帯して納付の義務を負う。これは重要事項である。「本人・世帯主・配偶者」の全員が低収入で納付できない場合は, 保険料の全額免除, 一部免除などを申請する。本章の「得する話」は, この部分のことで,「（3）世帯分離で保険料の全額免除」で後述する。

③納付期限

　納付期限は2年間である。2年過ぎると, 納付したくても納付できない。2年過ぎそうだ, 2年過ぎてしまった, という場合は, 年金事務所へ相談

に行くこと。

④納付率６割しかない……でも破綻しない

国民年金の納付率が約６割しかない。納付を免除・猶予された人の分も含めて計算する実質納付率は約５割である。この数字から，国民年金はすでに破綻している——そんな論調がある。しかし，６割，５割の数字は，第１号被保険者だけの数字で，「１階の国民年金」全体では95%が納付している。滞納者数は約300万人。

だから，６割，５割の数字だけでは，破綻しない。さらに言えば，滞納者の中には年金が給付されない者が発生するから，年金財政上はプラスに作用する。

■国の負担金

2009年度（平成21年度）から，国費投入は２分の１に引き上げられた。かつては，国負担は３分の１だった。

■給付額（支給額）

①国民年金の目的

大原則は「老齢基礎年金」であるが，それ以外に，「障害基礎年金」「遺族基礎年金」「寡婦年金」「死亡一時金」が支給される。

ここで，基礎用語の説明を。大半の人々が混乱するのであるが，次のように区別してください。

「国民年金」という言葉　　……保険料（掛金）を支払う立場
「老齢基礎年金」という言葉　……年金をもらう立場

世間の会話では，どちらでも通用するが，テレビ討論を見ていると「国民年金が値下がりした」とコメントされると，掛金が値下がりしたのか，支給額が値下がりしたのか，さっぱり分からない。テレビだけでなく，新

聞でも「年金 4月分から0.3％減」という見出しは，掛金なのか支給額なのか，さっぱり分からない。新聞の場合，本文を読めば理解できるが，本文を読まない人にとっては，正反対の感想を持つ。そして，年金論議は迷路をさまよう。

②65歳から老齢基礎年金が給付

◎40年間保険料を満額納めた人で，2020年度（令和2年度）は，年額78万1,700円（月額6万5,141円）が給付。

- 希望により60歳から繰上げ受給できる（当然，年間受給額は減額される）。
- 希望により70歳まで繰下げ受給できる（当然，年間受給額は増額される。最大1.4倍の受給額）。

◎25年間，保険料を納付した人は，年額48万8,563円（月額4万713円）の受給となる。

◎10年間，保険料を納付した人は，年額19万5,425円（月額1万6,285円）の受給となる。2015年（平成27年）8月から，10年間納付で受給できるようになった。それまでは，25年間だった。

◎年金生活者支援給付金がスタートした。

2019年10月から，年金受給者で低所得の場合，年金に上乗せして支給される。原則は，申請しなくてもよい。

◇老齢（補足的老齢）年金生活者支援給付金

金額は，月額5,030円×保険料納付済期間（月数）／480月

◇障害年金生活者支援給付金・遺族年金生活者支援給付金

金額は，2級は5,030円，1級は6,288円，遺族は5,030円。

③老齢基礎年金以外の給付

● 障害基礎年金……令和2年度の場合，1級年間「78万1,700円×1.25」，2級年間「78万1,700円」。子がいる場合，加算額がある。

（精神障害者で障害基礎年金をもらっていないケースが多い）

さて，私の経験上のことであるが，精神障害者の障害者年金に関して，どうしても一言述べておきたい。障害者年金をもらうには「いつ障害者になったか」が決定的に重要である。

中学生時に発病したが，本人も家族も精神病とは思わない。根性なし，一時的なやる気減退，すぐに元のようになるだろう……と望みを持っているが，不登校，閉じこもり，家庭内暴力……，結局，25歳になって初めて精神科を訪れ，重度の「うつ病」と診断された。障害者年金をいただくには，加入期間（この場合，20歳〜25歳）の3分の2以上の保険料支払い済み等が条件であるが，彼の場合，保険料はまったく未納。ということで，障害者年金を断念する。こうしたケースが多々みられる。しかし，精神科を訪れたのは25歳だが，本当の発病は中学生時だ。だから，ちゃんと手続きすれば，障害者年金はいただける。これを知らずに，年金をもらっていない精神障害者が非常に多いと想像している。ただし，10年も20年もたってから「発病時が中学生の時」を証明するのが，なかなか困難みたいだ。

● 遺族基礎年金……令和2年度の場合，年間「78万1,700円＋子の加算」。
● 寡婦年金……60〜65歳の間だけ。
● 死亡一時金……保険料納付期間が36月以上あり，年金を給付されないで死亡した場合。

④国民年金基金と付加年金

将来年金額を増やしたい方は，国民年金基金へ加入する。これは，「年金ハウス」の2階部分に相当する。

あるいは，付加年金保険料（月400円）を支払う。ただし，国民年金基金と付加年金の両方はダメ。

⑤老齢基礎年金の受給資格期間は「25年以上」から「10年以上」に短縮

2015年（平成27年）10月から，「10年以上の受給資格期間」に短縮さ

れた。むろん，保険料（掛金）の支払いが短期間の人は，少ない金額しかもらえない（低額年金者の増加）。

　誤解される部分は，受給資格期間の意味である。（イ）保険料を納めた期間，（ロ）保険料全額免除期間，（ハ）カラ期間，（ニ）その他あれこれ，ということになっている。

■年金額はどうなるか

図表6−2　2019年財政検証の所得代替率予測

	2019年度	2024年度	2040年度	2046年度	2060年度
ケース1	61.7%	60.9%	54.3%	51.9%	51.9%
ケース2	61.7%	60.6%	54.0%	51.6%	51.6%
ケース3	61.7%	60.2%	53.6%	50.8%	50.8%
ケース4	61.7%	60.1%	51.7%	50.0% (2044)	46.5% (2053)
ケース5	61.7%	60.1%	51.3%	50.0% (2043)	44.5% (2058)
ケース6	61.7%	60.0%	51.3%	50.0% (2043)	46.1% (2052)

　金額のことであるが，「将来の年金額がどうなるか」を誰もが心配している。2004年ころ，しきりに「年金100年安心プラン」が叫ばれた。そのとき，年金改革がなされたことは確かだ。簡単に言えば，保険料をアップして，支給額を減らして，少しずつ積立金を崩して……ということだ。それで，現在，年金は安心なのか。誰一人，安心していない。

　厚労省は「将来の公的年金の財政見通し（財政検証）」を5年に1回，発表している。2019年の財政検証の発表時期は本来は参議院選挙前であったが，内容が悪すぎるためか，参議院選挙後にずらした。やはり，悪い数字が並んでいた。

　厚労省は，「年金安心」の具体的数字を，所得代替率50％においている。現役男子の収入に対して老夫婦2人の年金が何％になるか，というのが所

得代替率である。

　2019年財政検証の**図表６－２**の「ケース１〜６」は，物価上昇率，賃金上昇率，経済成長率，平均寿命，合計特殊出生率，労働力の指数などのデータで，６つのケースを想定したということ。

　６つのケースの中で，「ケース４・５・６」は，2043〜44年には，50％以下になると予想している。61.7％が50％になる。22〜３年後には，今よりも，年金水準は約19％低下する。まあ，大雑把に言って，20年後の年金水準は20％低下，30年後は30％低下と予想している。

　それだけじゃない。莫大な年金積立を株式投資に回しているが大丈夫だろうか。大損したら，どうなるか。「消えた年金」で，まだ分からないものが相当たくさんあるというが，どうなるのか。心配の種はいくらでもある。いずれにしても，年金の受給金額は低下していくだろう。

　では，どうするか。被用者保険の適用拡大，つまり，厚生年金加入者を増加させると，どうなるか。納付年数の上限40年間を45年間に延長すると，どうなるか。65歳以上の在職老齢年金を緩和・廃止すると，どうなるか。厚生年金の加入年齢を現行70歳までを75歳に延長すると，どうなるか。現行マクロ経済スライド調整を見直すと，どうなるか。さまざまなことを計算している最中である。

　なんにしても，安心年金のためには，正直に財政検証をする。悪い数字が出てもかまわない。その事実から出発する。そして，分かりやすく説明する。それができなければ，安心できる年金のための改革などできるわけがない。

③ 世帯分離で保険料の全額免除

　所得が少なくて保険料を納めることが困難な場合には，申請により，次の４つの制度がある。

第6章　国民年金の保険料を支払わなくてもよくなった

① 全額免除

② 一部免除（一部納付）

③ 納付猶予

④ 学生納付特例

■全額免除

「本人・世帯主・配偶者のいずれも」が，前年所得が，「一定金額以下」の場合は，申請して承認されれば，全額免除になる。

図表6−3　全額免除の所得基準

被保険者本人，配偶者，世帯主のいずれもが下記に該当するとき。

・前年の所得金額が次の計算式で得た金額以下の場合
　（扶養親族等の数＋1）×35万円＋22万円

・障害者・寡婦の場合は，125万円以下

※単身者の場合，(0＋1)×35万円＋22万円＝57万円の計算で，所得が57万円まで。ここで注意すべき点は，「所得」と「収入」を勘違いしないこと。給与所得の場合，所得57万円とは，給与所得控除65万円を足し算して，収入122万円となる。つまり，収入122万円までなら全額免除となる。

この所得基準でキッチリ意識してほしいことは，「被保険者本人，配偶者，世帯主のいずれもが」の言葉である。国民年金法第88条（保険料の納付義務）に定められている。

裏を返せば，同一世帯であっても，「被保険者本人，配偶者，世帯主」以外の者が高額所得であっても，それは関係ない。個人主義でもなく世帯主義でもない，「変則的世帯主義」である。

ケーススタディ　伊藤家の場合

伊藤家は3人世帯。父53歳（世帯主）はサラリーマンで年収600万円，妻53歳はパート収入100万円，31の息子は若干ノイローゼ気味で

アルバイトをしたり無職になったりで，ここ数年の平均年収は 50 万円。

父の年金保険料は厚生年金だから給与から天引き。

妻はパート収入 130 万円以下だから，医療保険と公的年金は夫の被扶養者となる。したがって，妻の公的年金は第 3 号被保険者（サラリーマンの配偶者で専業主婦）となり，保険料を納める必要はない。

しかし，31 歳の息子は国民年金の保険料を毎月 1 万 6,540 円支払わなければならない。これは国の法律で決まっている義務である。息子（被保険者）に支払い能力がないけれども，世帯主（父親）の所得が，全額免除の所得基準をオーバーしているので，全額免除にならない。しかたがないので父親が支払っている。

伊藤家の家計はなにやかやで火の車。

それでは，世帯分離すると，どうなるか？

「両親の 2 人世帯（世帯主は父）」と「息子の単身世帯（当然，息子が世帯主）」の 2 つの世帯になった。単身世帯の息子は，全額免除の所得基準を満たしているから，申請すれば，保険料は全額免除となる。

なお，保険料が免除されている期間は，年金を受け取るために必要な受給資格期間（2015 年から 10 年に短縮された）に算入される。将来受給する年金額は，全額免除の場合は，保険料を納めた場合の 2 分の 1 で計算される。

■一部免除（一部納付）

一部免除（一部納付）の制度は，全額免除よりも所得基準が緩やかになっている。

ということなのだが，実際問題，一部免除に該当するかどうかは，この**図表 6－4**「一部免除（一部納付）の所得基準」，あるいは日本年金機構

被保険者本人，配偶者，世帯主のいずれもが下記に該当するとき。

- 4分の1納付…… 78万円 ＋（扶養親族等の数 ×38万円）＋ 社会保険料控除額等
- 2分の1納付……118万円 ＋（扶養親族等の数 ×38万円）＋ 社会保険料控除額等
- 4分の3納付……158万円 ＋（扶養親族等の数 ×38万円）＋ 社会保険料控除額等

※38万円は，扶養親族が老人控除対象配偶者，老人扶養親族であるときは48万円，
特定扶養親族であるときは63万円と読み替える。

のホームページ，あるいはまた，市町村に置かれてあるパンフレットを
「5回読んでも絶対に分からない」のが当たり前。社会保険料控除等では
特殊な足し算・引き算があり，市町村の相談窓口の人だけしか詳細は分か
らない。だから，「分からないことは恥ずかしい」なんて思わずに，市町村
あるいは年金事務所の窓口で相談すること。

　これでは，説明にならないので，一応の「目安」の数字を掲載しておく。

図表6－5 全額免除・一部免除（一部納付）の世帯構成別の所得基準の「目安」

世帯構成	全額免除	一部納付		
		1／4納付	1／2納付	3／4納付
4人世帯 （夫婦・子供2人）	162万円 （258万）	230万円 （354万）	282万円 （420万）	335万円 （486万）
2人世帯 （夫婦のみ）	92万円 （157万）	142万円 （229万）	195万円 （304万）	247万円 （376万）
単身世帯	57万円 （122万）	93万円 （158万）	141万円 （227万）	189万円 （296万）

※（　　　）の数字は収入。

■納付猶予

　50歳未満の人には，申請によって「納付猶予の制度」がある。これは
「免除」ではなく，「猶予」であるから，後年「追納」が必要となる。

　この制度の前年所得の審査対象は，「申請者本人（被保険者）と配偶者」

である。全額免除と一部免除では「世帯主」も審査対象であるが，納付猶予の制度は，世帯主は関係がない。

審査の際の所得基準は，全額免除と同じ。

なお，保険料の納付猶予期間は，年金を受け取るために必要な受給資格期間（2015年から10年に短縮された）に算入される。ただし，「追納」しない限り，将来受け取る年金金額には反映されない（全額免除・一部免除は反映される）。

■学生納付特例制度

申請によって，学生の期間中の保険料を，社会人になってから納める制度である。学生本人の所得が，一定以下であれば，認められる。世帯主や配偶者の所得は関係ない。

「一定以下」とは「118万円＋扶養親族等の数×38万円＋社会保険料控除額」（2分の1納付と同じ）である。

卒業後，就職できない，または厚生年金のない職などについて，引き続き保険料が納付困難の場合は，全額免除・一部免除（一部納付）・納付猶予の申請ができる。

■産前産後期間の保険料免除制度ができた

2019年4月から始まった。国民年金第1号被保険者が出産の際，出産月の前月から4ヵ月間は保険料が免除される。多胎出産の場合は免除期間が長くなる。

届出に期限はないが，届出をする。保険料をすでに納付している場合は，充当，還付される。

なお，出産とは，妊娠85日（4ヵ月）以上の出産（早産・死産・流産・人工妊娠中絶）をいう。

■4制度の比較

　たとえば，低所得で26歳の人。「全額免除」「一部免除」「納付猶予」の3つに該当するケースがある。どれを選択するか，悩ましい問題となる。比較表を見れば，「全額免除」や「一部免除」のほうが有利であることが分かる。

◎追納……免除・猶予の人が，所得が向上して，保険料が支払えるようになり，過去の分を「追納」したい場合は，10年以内ならば追納できる。追納すれば絶対にお得である。

◎免除の特例……全額免除・一部免除の所得基準は前年度の所得で判定するが，特例がある。失業や災害の場合は前年度の所得がオーバーしてもよい。

図表6－6　保険料の免除・猶予の比較

	老齢基礎年金の受給資格期間に算入されるか？	老齢基礎年金の年金額に反映されるか？	障害基礎年金・遺族基礎年金の資格期間に算入されるか？	後から保険料を納められるか？
納付している	される	される	される	10年以内なら可能
全額免除	される	される	される	10年以内なら可能
一部免除（一部納付）	される	される	される	10年以内なら可能
納付猶予	される	されない	される	10年以内なら可能
学生納付特例	される	されない	される	10年以内なら可能
未納	されない	されない	されない	2年を過ぎると納めることができない。

※「10年以内なら可能」の補足。令和3年度以降は加算金がつく。

■中改革はしたけれど

　年金制度は複雑である。だから，分からないことにぶつかるものだ。「保険料の支払いが困難だ」「全額免除に該当するか」などの疑問は，役所や年金事務所で相談するのが一番よい。「あなたのケースは世帯分離したほうが……」をアドバイスするかどうかは知らない。

　さて，この10〜20年間，年金が議論され改革もされた。10年年金もできた，低所得者の年金アップもできた。共済年金の統合もできた。非正規雇用者の厚生年金加入拡大は，どこまで進展するのか。「消えた年金」は何割かは解決したが，何割かは未解決のままのようだ。厚生年金基金の運用・投資による破綻・解散はどう反省されたのか。莫大な年金資金が政府決定で株式投資に回っているが，厚生年金基金の二の舞になりはしないか……。

　総じて言えば，年金改革は「中改革」は進行した。しかし，年金の根本は「安心の老後」を支える「安心な年金」である。この「安心」が，一向に実現できない。それどころか，5年に1回の「将来の公的年金の財政見通し（財政検証）」を読んでも，「不安」の色彩が濃くなるばかりである。

　年金改革は，単に「お金だけの話」だから，医療改革に比べれば至極簡単なはずだ。「不安」なんか簡単に解決できるはずだ。でも，それができない。なぜだろう。

　とりあえず，「中改革」は実行した。今後は「不安→安心」のための大改革である。従来の手法，簡単に言えば，厚労省の官僚と専門家が「案」を作成，1〜2年後には「国会で成立」という手法ではダメなのだ。いかに内容的に立派な「案」であっても，従来の手法ではダメなのだ。年金問題は簡単な話ではあるが，そうは言っても「複雑」だ。たとえば，一般国民が，ポンと「財政検証」を渡されても，絶対に理解できない。

　どうするか，時間を惜しまず説明するしかない。全国民にするのは不可

能だから，ランダムに1万人くらい抽出して，「年金をトコトン勉強したい」という人に手をあげてもらう。100人くらいは手を上げるだろう。その100人の素人に，1年くらい熟議してもらう。そんな手法を取らないと，「不安→安心」には至らない。

　専門家だけの議論では，国民一人一人に直結する「年金改革」は，絶対に上手くいかないような感じがする。

　あれやこれや年金の将来像を空想していたら，ガルブレイスのケネディへの手紙にある言葉を思い出した。

　「悲惨なことと不快なことの，どちらかを選択するのが政治である。」

第 7 章

雇用保険と
第2のセーフティネット

あらかじめ断っておきますが，雇用保険は「世帯」や「世帯分離」は関係ありません。雇用保険の穴を埋めるため，数年前に「第2のセーフティネット」が創設された。知らない人は，「世の中，そんなに美味しい話があるわけない。信じられない」という感覚になる。「第2のセーフティネット」では，住民票だけの「世帯分離」をしても関係ありませんが，同居と別居の選択が重要になるケースもある。

1 雇用不安，所得不安

■社会保険加入割合は向上

かつて，日本の失業率は2％台であった。しかし，バブル崩壊（1991年）後，上昇に転じ，増減はあるものの4〜5％が常態になった。リーマンショック（2008年9月）を経て，2014年にようやく3％台に下がり，2017年からは2％台になった。2％台になったが，この数字に手放しで喜ぶ人は少なかった。

そもそも，経済関係の数字は非常に多く，適当につまみ食いすれば，「景気が良い」にもなるし，「景気が悪い」にもなる。毎年，年末になると，「来年の景気はどうなるか？」という問いに対して，経済分析者A氏は「良くなる」，B氏は「ぼちぼち」，C氏は「悪くなる」と並ぶ。「誰かが当たる」わけで，「当たるも八卦，当たらぬも八卦」の占い師のようだ。テレビのニュースを見ると，天気予報と同じくらいの頻度で株価と円相場の数字が報道される。あたかも，その数字の変化を知らないと生きていけないかのようだ。

失業率の数字にしても，日本は概して，欧米と比較すると低い。しかし，「欧米では失業者にカウントされるが，日本ではカウントされない者」が多数存在しているから，失業率の数字を比較しても，失業の実態は判別できないという指摘もある。いわゆる「隠れ失業者」で，不況時には完全失業者よりも多くなるらしい。新型コロナ大不況の場合，完全失業者数は氷

山の一角に過ぎず，「隠れ失業者」は，10倍も20倍にもなっているようだ。

そんなことで，非正規労働者の増加，平均賃金の増減，社内失業者の数字，労働時間の長短，生産年齢（15～64歳）の減少，移民の数，格差を物語る指標……などの数字は省略しておきます。

しかし，「労働者の不安」と密接に関係する，社会保険加入状況のデータは掲載しておく。ただし，公共事業に従事する労働者，つまり建設会社，建設労働者（元請・1次下請・2次下請・3次下請の合計）のデータしか発見できなかったが，それでも，おおよその傾向がつかめる。民主党政権時代（2009年9月～2012年11月）の法改正により，加入割合は相当増加していることが分かる。さらに，現行法では，2024年（令和6年）に向かって，厚生年金加入者割合は増加する予定になっている。

失業率は2％台に回復した。社会保険加入割合も向上した。でも，なぜか，直観的に「不安」が増大していると感じていた。なぜだろう，なぜだろう……？

図表7－1 公共事業に従事する労働者の3保険加入割合の推移

	雇用保険	健康保険	厚生年金	3保険とも加入
2011 （H23.10）	75%	60%	58%	57%
2012 （H24.10）	75%	61%	60%	58%
2013 （H25.10）	76%	66%	64%	62%
1014 （H26.10）	79%	72%	69%	67%
2015 （H27.10）	82%	77%	74%	72%
2016 （H28.10）	84%	80%	78%	76%
2018 （H29.10）	91%	89%	86%	85%

※健康保険の未加入者は国民健康保険加入者を含む。厚生年金の未加入者は国民年金加入者を含む。

■制度はあれども，生きていない

2020年（令和2年）1月，新型コロナウイルス感染症が日本へも上陸した。その結果，既存の社会保障に加えて，臨時の制度を実施した。「不安」

解消どころか，「不安・不信」の拡大であった。既存の社会保障が，「制度はあれども，しっかり機能しなかった」ことが大きな要因かと思う。

ここで，休業時・失業時の労働者個人への所得補償制度がどうなっているか，概略見ながら考えてみた。

①年次有給休暇（労働基準法）

法定休暇として，「年次有給休暇」「産前産後休業」「生理休暇」「育児休業／子の看護休暇」「介護休業／介護休暇」「使用者の責めに帰すべき事由による休業」がある。非法定休暇（特別休暇）には，「夏休み」「サバティカル休暇（1ヵ月～1年間の長期休暇)」「病気休暇」「つわり休暇」「慶弔休暇」などがある。

時々，「育児休業が取りづらい」という声を聞くが，制度はあれども生きた制度にまだまだなっていないようだ。年次有給休暇も同じで，取りづらいのである。図7－2のように，日本では年次有給休暇を完全に取得する労働者の割合は調査国最低，しかも，かなり引き離されての最低である。他の調査でも，日本は平均給付日数，平均取得日数ともに調査国最低であ

図表7－2 有給休暇を完全取得する労働者の割合　2010年ロイター調査

順位	国名	完全取得率	順位	国名	完全取得率
1	フランス	89%	13	イタリア	66%
2	アルゼンチン	80%		ポーランド	
3	ハンガリー	78%	15	中国	65%
4	イギリス	77%	16	スウェーデン	63%
	スペイン		17	ブラジル	59%
6	サウジアラビア	76%		インド	
7	ドイツ	75%	19	カナダ	58%
8	ベルギー	74%	20	アメリカ	57%
	トルコ		21	韓国	53%
10	インドネシア	70%	22	オーストラリア	47%
11	メキシコ	67%		南アフリカ	
	ロシア		24	日本	33%

る。それにもかかわらず，問題意識は極めて低く，『平成30年版厚生労働白書』では「一定日数の年次有給休暇の確実な取得」の文言があるだけである。年次有給休暇の制度はあれども，機能していないことが多々あるようだ。そして，その問題意識すら薄いようだ。

②傷病手当金（健康保険）

健康保険に加入していれば，業務外の病気や怪我で労働不能な場合，「傷病手当金」が支給される。金額は，直近1年間の平均賃金の3分の2である。新型コロナに感染すれば，当然，支給される。しかし，短時間労働者の場合，一定の条件以下の場合は適用されない。「傷病手当金なしの短時間労働者」の課題に対しての問題意識は薄いようだ。

重病・大怪我をした場合，傷病手当金は「本当に助かる」ものだ。図7－3の協会けんぽのデータでは，平均164日の傷病手当金が支給されている。国民健康保険には傷病手当金がないので，「協会けんぽ，健康保険は，いいな～，うらやましい～」である。もっとも，傷病手当金の存在自体を知らない労働者も多いようだ。私のところへ「病気入院で働けなくなった。生活保護にならないか？」という相談が過去数件あった。私の回答は「とりあえず，会社で傷病手当金の有無を聞いてください」で，それで一件落着であった。無知も不安につながるものだ。

国民健康保険の場合，法的には傷病手当金をつくってもよいが，各自治体は財政的余裕がないので，どこの自治体でも傷病手当金の仕組みはない。ただ，新型コロナに感染した場合，あるいはその恐れの場合は，国が財政支援をすることになったので，多くの自治体で急遽，条例を改正して，「新型コロナの場合だけ傷病手当金」をつくった。ついでに言えば，国民健康保険の抜本的改正は，あらゆる部門から要請・要望されているが，放置されている。そうしたことも不安につながっている。

なお，医療従事者が業務で新型コロナに感染すれば，当然，労災保険の対象となる。

図表7-3 傷病手当金の支給期間の分布（協会けんぽ，平成30年度）

支給期間	割合	支給期間	割合
30日以下	22.58%	301〜330日	2.65%
31〜 60日	14.95%	331〜360日	2.81%
61〜 90日	10.45%	361〜390日	2.67%
91〜120日	7.09%	391〜420日	2.44%
121〜150日	5.38%	421〜450日	2.49%
151〜180日	4.43%	451〜480日	2.32%
181〜210日	4.30%	481〜510日	2.05%
211〜240日	3.67%	511〜540日	1.78%
241〜270日	2.97%	541日以上	2.33%
271〜300日	2.63%		

※平均支給期間は約164日（男性173日，女性151日）

③休業手当（労働基準法）

　労働基準法第26条（休業手当）は「使用者の責に帰すべき事由による休業の場合においては，使用者は，休業期間中当該労働者に，その平均賃金の6割以上の手当を支払わなければならない。」

　これは，雇用形態に関係なく全労働者を対象とする。

　事業主は，「複雑な申請」をしなければならない。申請してOKとなると，事業主に雇用調整助成金が支払われる。事業主が申請してから，書類が完備していても，雇用調整助成金を受け取るのに，3〜4ヵ月かかり，その間は事業主が休業手当を負担することになる。会社に潤沢な資金的余裕があればよいが，そうでないとシンドイことだ

　新型コロナでは，あまりにも複雑な申請書類のため「簡素化」，さらに「簡素化」がなされた。それでも，中小零細企業は申請ができず，いくつかの自治体では，専用の相談窓口を開設して社会保険労務士へ委託することになった。また，雇用調整助成金の助成率の引き上げ，日額上限額の引き上げが実行された。さらに，休業手当を事業主経由ではなく，国が直接支給することを可能にする仕組みもつくった。要するに，テンヤワンヤで

あった。

　既存の休業手当制度は，「制度はあれども生きていなかった」のだ。そのため，解雇に走る事業主，廃業を選択する事業主も生まれた。

④基本手当（雇用保険）

　新型コロナに限らず，解雇・倒産により失業すれば，雇用保険の「基本手当」（俗に，失業手当）となる。新型コロナの影響による失業者は基本手当の給付日数は原則60日延長されることになった。

⑤職業訓練受講給付金（求職者支援制度）…第2のセーフティネット

　「雇用保険に加入していない人」「基本手当受給中に再就職できなかった人」「雇用保険の加入期間が足りないため基本手当を受けられない人」「自営業者だった人」「就職が決まらないまま学校を卒業した人」は，職業訓練受講給付金（求職者支援制度）が支給される。むろん，一定の条件はあるが，すばらしい制度だ。職業訓練受講給付金（1ヵ月10万円の生活費と訓練校へ通う交通費）を支給されて，職業訓練校へ通う。

　職業訓練受講給付金はハローワークの管轄であるが，社会福祉協議会が管轄する「住居確保給付金」がある。これは，家賃を最大9ヵ月給付する。「職業訓練受講給付金（求職者支援制度）」と「住居確保給付金」で，生活再建をはかるというわけです。

　新型コロナの場合，その訓練校が休業になって混乱した。また，住居確保給付金の相談が，前年同月の40倍以上も激増し，これまた混乱をきたした。せっかくの制度がありながら，円滑に機能しなかった。

■非正規雇用者のセーフティネットの確立・拡充が必要

　不安を減少させるためには，どうするか。リーマンショック以前の発想は，「景気が回復すれば，すべてうまくいく。とにかく景気回復を」の一

辺倒であった。リーマンショックのときから，景気回復のためにも，「社会保険（雇用保険，健康保険，厚生年金）加入割合増加」と「第2のセーフティネットの確立」が必要とされ，それが進行した。しかし，世の中は行きつ戻りつ，のようだ。コロナ大不況で，再度，社会保険加入割合増加と第2のセーフティネットの重要性が認識されたのではなかろうか。

　基本的に制度はある。しかし，円滑に機能しない。制度が複雑すぎるのだろう。

　休業手当（雇用調整助成金）はその典型である。誰もが早く早くと願っている。誰一人として，遅いほうがよいと願っている者がいない。金がないわけではない。それなのに，ああ，それなのに，それができない。制度が複雑すぎるのだ。

　あるいは，「住居確保給付金」は啓蒙されたが，なぜか，「職業訓練受講給付金（求職者支援制度）」は忘れ去られていたような感じであった。大不況時にあって，「職業訓練受講給付金（求職者支援制度）」が最も重要なのだが，話題にすらならない。

　細かいことかもしれないが，傷病手当金と基本手当は非課税であるが，休業手当は課税である。なんか，わざわざ複雑にしているような感じがする。

　いずれにしても，分かりやすい社会保障にしなければならない。

　そして，新型コロナで，改めて明確になったのは，非正規雇用者の不安定な立場である。社会保険などのセーフティネットを拡充せねばならない。誰もが，そう思っている。以下，雇用保険の「基本手当」（失業手当）と第2のセーフティネットを中心に説明します。

■ 1億総活躍プラン

　巨視的，鳥瞰的に社会保障の行く末を考える場合，忘れてはいけないことがある。2016年に閣議決定された「ニッポン1億総活躍プラン」である。女性も働く，生活困窮者も働く，障害者も働く，高齢者も働く，要するに，従来の観念では，働けない，働かなくてもよい，そんな人々も，一定の条

件さえ整備すれば働けるようになるはずだ。労働者の社会保険は，自営業者・農民・無職者に比べて充実しているから，皆が事業所の労働者として働くようになれば，事実上，全体の社会保険は強化される。

つまり，全労働者の社会保険で，児童期から後期高齢期までの全世代の社会保障が，なんとかなる，という発想だろうと思う。介護保険の危機も，国民健康保険・後期高齢者医療保険の危機も，年金の危機も，あるいは児童福祉も障害者福祉も高齢者福祉も生活困窮者福祉も，皆が働くようになれば，なんとかなるだろう，と考えているのだろう。

「経済成長さえすれば，万事うまくいく」と，ほとんど同様の発想である。

そして，具体的に動いている。「地域共生社会の実現のための社会福祉法等の一部を改正する法律」（2021年4月施行）が成立した。その内容は，現行の相談支援の仕組みは，バラバラに「高齢分野の相談」「障害分野の相談」「子ども分野の相談」「生活困窮分野の相談」と分立している。新しい相談支援は「属性や世代を問わない相談」である。どうやら，スーパーマンのような相談体制を想定しているみたいだ。

くどくど述べたことをまとめると，「皆が働くようになれば，社会保障は強化される」。そして，個別バラバラの相談・対策はスーパーマンのような「属性や世代を問わない相談・対策」で能率的に万事うまくいく。将来の社会保障の心配が蔓延しているが，心配ない，というわけだ。

本当に，そうかな？

半分くらいは，よいこと言っているな〜と思う。でも残り半分は願望というか，幻想・妄想ではなかろうか……。1つひとつの具体的な課題・問題を解決していくのは面倒だ，まるごと一挙に解決するという幻想・妄想ではなかろうか……。ともかく，「ニッポン1億総活躍プラン」の流れを注視することが重要である。良い部分と幻想・妄想を区別することが大切だと思う。

なお，障害者雇用に関して一言。2018年から障害者雇用率がアップし

た。さらに 2021 年からアップされるスケジュールである。しかし，2020年春，新型コロナのため大勢の障害者が解雇された。「皆が働けば」が吹っ飛んでしまった。

② 雇用保険の基本

■雇用保険の基本と家計簿目線

失業したときのセーフティネット（安全網）が雇用保険法である。

雇用保険とは何か。

①保険料を，労働者と事業者が折半で国（労働保険特別会計）へ納める。

②それに，国庫負担金がプラスされる。

③労働者が失業した場合，「失業等給付」を受ける。「失業等給付」の基本中の基本は，「基本手当（失業手当）」である。

家計簿目線で考えると，

①保険料が安くならないか？　国が決めるので，個人の工夫では対策なし。

②国庫負担金は，直接，家計簿に関係なし。

③失業した場合，「失業等給付」を多くもらえないか？　これに関しては，「おいしい手段が，あるにはあるが，すべて上手くはいかない」と思ってください。詳細は後述する。

■雇用保険料は労使折半

令和 2 年度の雇用保険料率は「一般事業は 1,000 分の 9 （労働者負担は 1,000 分の 3）」です。

令和 2 年度の場合，賃金が月額 30 万円の労働者は［30 万円 × 0.003 ＝ 900 円］の計算で毎月 900 円が雇用保険料として月給から天引きされる。月給だけでなく，賞与（ボーナス）からも同様の計算で天引きされる。

図表7-4 令和2年度 雇用保険料率

	一般の事業	農林水産 清酒製造の事業	建設の事業
①労働者負担 ・育児休業給付	3／1,000	4／1,000	4／1,000
②事業主負担	6／1,000	7／1,000	8／1,000
・失業等給付・育児休業給付の保険料率	3／1,000	4／1,000	4／1,000
・雇用保険2事業の保険料率	3／1,000	3／1,000	4／1,000
雇用保険料率（①＋②）	9／1,000	11／1,000	12／1,000

図表7-5 雇用保険料率の推移

年度	労働者負担	雇用保険料率
2004年度（平成16年度）	7／1,000	17.5／1,000
2005〜06年度（平成17〜18年度）	8／1,000	19.5／1,000
2007〜08年度（平成19〜20年度）	6／1,000	15.0／1,000
2009年度（平成21年度）	4／1,000	11.0／1,000
2010〜11年度（平成22〜23年度）	6／1,000	15.5／1,000
2012〜15年度（平成24〜27年度）	5／1,000	13.5／1,000
2016年度（平成28年度）	4／1,000	11.0／1,000
2017〜20年度（平成29〜令和2年度）	3／1,000	9.0／1,000

なお，雇用保険料率は，2〜3年に一度くらい変更になる。

なお，用語に関して。

雇用保険料率（雇用保険料）は雇用保険だけの話。労働保険料率（労働保険料）とは，雇用保険と労災保険を合体したものである。労災保険の保険料は全額事業主負担だから給料からの天引きはない。事業主は，労働保険料（雇用保険料と労災保険料）を支払う。

社会保険料という場合，「労働保険料（雇用＋労災）＋医療保険＋介護保険＋年金保険」を指す場合もあれば，「医療保険＋介護保険＋年金保険」を指す場合もあり，しばしば混乱を発生させている。再三述べるが，社会保険とは，医療・介護・年金・雇用・労災の5つをいうのが正解なのだが，

世間でも行政でも，異なる使い方がしばしばだ。ゴチャゴチャした用語だが，世間では無頓着に使用しているので，ご注意を。

■国庫負担金

　雇用保険法には，「失業等給付・育児休業給付」と「雇用保険2事業」が定められている。雇用保険法の本来の目的は「失業等給付」である。付録として「育児休業給付」「雇用保険2事業」がある。

　失業等給付に充てる財源は，労使折半の保険料と国庫負担金が原資である。国庫負担金は基本手当（失業手当）の場合は25％負担となっているが，暫定措置で低い水準になっている。

　雇用保険2事業に充てる財源は，使用者のみ負担である。

　ついでに，「雇用保険2事業」に関して。雇用保険では，当初から職業訓練所や勤労者福祉施設が次々に開設された。しかし，2000年頃，勤労福祉施設「スパウザ小田原」や青少年向け職業体験施設「私のしごと館」が，壮大な無駄使いの象徴となった。そのため，全国にあった勤労福祉施設は2005年（平成17年）までにすべて譲渡か廃止された。「私のしごと館」は2010年（平成22年）3月に廃止となった。

　そうした無駄使い批判と行革によって，従来の「雇用3事業」（雇用安定事業・能力開発事業・雇用福祉事業）が，「雇用2事業」（雇用安定事業・能力開発事業）に行革された。

■失業等給付

　「失業等給付」は，「等」とあるだけに，「技能修得手当」「傷病手当」「就業促進手当」「教育訓練給付金」などさまざまな手当・給付があるが，基本は，その名のとおり，「基本手当」である。世間では「基本手当」を「失業手当」と呼んでいるが，それで通用するし，そのほうが分かりやすい。本書では，「基本手当（失業手当）」と表現している。

離職者が，次の要件を満たせば基本手当（失業手当）を受給できる。

（ア）ハローワークで求職活動をする。

（イ）被保険者期間が離職前2年間に12ヵ月以上ある。ただし，倒産・解雇等の場合は，被保険者期間が離職前1年間に6ヵ月以上。

なお，雇用保険の事務は，公共職業安定所（ハローワーク）で行っている。

①基本手当（失業手当）の額

基本手当（失業手当）の1日当たりの金額を「基本手当日額」という。基本手当（失業手当）は，非課税である。

図表7−6　基本手当日額の上限額（令和2年8月1日からの額）

離職時の年齢	基本手当日額の上限額（前年比）
30 歳未満	6,850 円（+36 円）
30 歳以上 45 歳未満	7,605 円（+40 円）
45 歳以上 60 歳未満	8,370 円（+35 円）
60 歳以上 65 歳未満	7,186 円（+35 円）
65 歳以上	2017 年（H29）の雇用保険法改正で「高齢者求職給付金」として，一括で受け取ることになった。

※基本手当日額上限額は，毎年8月1日に変更される。
※下限額は年齢に関係なく，2,059 円（+59 円）である。

②基本手当（失業手当）の給付日数

給付期間中に新しい職場が決まればよいが，そうでない人も多い。失業して，3ヵ月，4ヵ月で「お気に入りの仕事」が見つかればよいが，世の中，厳しい時代だから，なかなか「お気に入りの仕事」に就職できずに，ズルズルと基本手当（失業手当）の給付期間が終了という事態に陥る。そんな失業者が非常に多いようだ。知人で失業した人，約10人を思い起こすと，給付期間中に再就職できたのは1人だけであった。

さて，失業者（離職者）は3種類に分類され，それに基づいて「給付日数」が決まる。

一般の離職者……特定受給資格者以外の離職者……自己都合退職……給
　　付日数短い

倒産・解雇等の離職者……特定受給資格者……会社都合退職……給付日
　　数長い

就職困難者……障害者など

　「倒産・解雇等の離職者」を「特定受給資格者」という。「倒産・解雇」
はすぐに理解できるが，「等」の中には，いろいろなケースがある。たと
えば，「賃金が85％未満に低下したため離職した者」，「上司，同僚等から
の故意の排斥または著しい冷遇もしくは嫌がらせを受けたことによって離
職した者」などは，特定受給資格者になる。

　それから，面倒くさい用語に「特定理由離職者」というのがあり，一定
の条件の場合，特定受給資格者と同じになる。これは，分かりやすい事例
では，「体力不足」「視力の減退」「結婚，妊娠，育児」「親の看護・介護」
「結婚にともなう住所変更」などで退職する者。

　往々にして，自分が「特定受給資格者なのか」「特定理由離職者なのか」
あるいは「どちらにも該当しない（自己都合退職）なのか」──それが分
からないケースが発生する。分からない場合は，離職前にハローワークに
相談すればいい。

　就職困難者とは，障害者手帳を所持する身体障害者，知的障害者，精神
障害者。精神障害の場合は，必ずしも手帳を所持していなくてもハローワ
ーク所長が認定する場合がある。

図表7－7　1．一般の離職者（自己都合退職の場合）の給付日数

被保険者で あった期間	1年未満	1年以上 5年未満	5年以上 10年未満	10年以上 20年未満	20年以上
全年齢	－	90日	90日	120日	150日

2．倒産・解雇等の離職者（会社都合退職の場合）の給付日数

被保険者で あった期間	1 年未満	1 年以上 5 年未満	5 年以上 10 年未満	10 年以上 20 年未満	20 年以上
30歳未満		90日	120日	180日	－
30歳以上35歳未満		120日	180日	210日	240日
35歳以上45歳未満	90日	150日	180日	240日	270日
45歳以上60歳未満		180日	240日	270日	330日
60歳以上65歳未満		150日	180日	210日	240日

図表7－9 3．就職困難者の場合の給付日数

被保険者であった期間	1 年未満	1 年以上
45 歳未満	150 日	300 日
45 歳以上 65 歳未満	150 日	360 日

3 基本手当（失業手当）を長期間いただく方法

　家計簿目線で考えると，失業した場合，「失業等給付」を多くもらえないか？　これに関しては，「おいしい手段が，あるにはあるが，すべて上手くはいかない」ということだが，以下は，そのことに関して。

■姑息な考えをせず，早く再就職を

　基本手当（失業手当）を長期間もらったほうが，金銭の計算上は得する。でも，本当は，なるべく早く再就職先を見つけたほうが絶対的によい。基本手当（失業手当）を給付日数の全期間，もらったほうが得……などと考えないで，すみやかに再就職したほうが，絶対によい。

　精神的によいだけではない。

　たとえば，給付日数が180日の人が30日分の基本手当（失業手当）をも

らって就職した場合，再就職手当（＝就業促進手当）という「お祝い金（約50万円）」が出る。その後，新職場を3ヵ月間で退職しても，再び150日分の基本手当（失業手当）が復活する。だから，早く就職しても損はない。それどころか，このケースの場合，「お祝い金」が丸儲け。

とは言うものの，基本手当（失業手当）を長期間もらう方法の話は少々流行っているようだ。

なお，就業促進手当には，「再就職手当」「就業促進定着手当」「就業手当」など，ごちゃごちゃいろいろある。

■受給期間の延長は単なる後払い

「給付日数」は，**図表7－7～7－9**のように，「年齢」「離職理由」「被保険者であった期間」「就職困難者（障害者）か否か」で決まる。たとえば，33歳，自己都合，被保険者期間8年間，障害なしの場合，給付日数は90日である。

給付日数（給付期間）とは別に「受給期間」という単語がある。これは，基本手当（失業手当）は離職してから1年間以内に，給付日数（例の場合，90日）を消化しなさい，という意味である。つまり，「受給期間は1年間」である。だから，退職してから，ハローワークへの求職申込が大幅に遅れた場合，給付日数分がもらえなくなる場合がある。だから，とにかく退職したらハローワークへ。

それはそれとして，「受給期間」は，理由があれば延長することができる。病気，妊娠，介護などで30日以上働くことができない状態の場合，ハローワークへ手続きすれば受給期間の満了日を延長できる。延長しても，「給付日数」が増加するわけではない。

■給付日数がギリギリの場合

これは，当たり前のこと。たとえば，「40歳で倒産・解雇等の離職，勤務期間4年11ヵ月」の場合，基本手当（失業手当）の給付日数は150日間

である。しかし，退職時期を1ヵ月ズラして勤務期間が5年間になれば，基本手当（失業手当）の給付日数は180日間となる。ということで，前項の基本手当（失業保険）の給付日数の図表を眺めて，もう少し勤務すればランクが上がる――，そんな場合は，なんとか退職時期を遅らせる。

■「会社都合退職」のほうが，「自己都合退職」よりも有利

これは，是非とも記憶に留めておいてほしい。

「倒産・解雇等の離職者（会社都合退職）」のほうが，「一般の離職者（自己都合退職）」よりも給付日数が長いことに着目する。

前述したことだが，再度掲載してみる。

一般の離職者……特定受給資格者以外の離職者……自己都合退職……給付日数短い

倒産・解雇等の離職者……特定受給資格者……会社都合退職……給付日数長い

覚えておくべきことは，離職者には「会社都合退職」のほうが概して有利であるということ。

しかし，会社にとっては，「会社都合退職」は雇用助成金が受け取れなくなったり，また事務手続きが面倒だったりして，「会社都合退職」を嫌うことがある。だから，会社によっては「次の仕事を探すためには『自己都合退職』のほうが有利ですよ」と嘘をついて，本当は「会社都合」なのに「自己都合」を勧めたりする。あるいは，サービス残業を押しつけて，本当は「会社都合」でも「自己都合」に追い込んだりする。あるいはまた，昔気質の上司で「会社都合＝クビ＝不名誉＝サラリーマン失格」と思い込んでいて，親切心で「退職するなら会社都合よりも自己都合のほうが本人のためになる」と信じている人もいる。

簡単に，「会社都合」を認めてくれる会社もあれば，そうでない会社もある。「会社都合だ，自己都合だ」と食い違いが生まれる場合もある。そんな場合は，ハローワークが両者の言い分や客観的資料で判定する。だから，会社都合にもっていくためには事前に資料を集めておいたほうがよいケースもある。

　さて，「会社都合退職」が有利な点は，基本手当（失業手当）が長くもらえるだけではない。自己都合退職は，退職してもすぐには基本手当（失業手当）がもらえず，3ヵ月間待たされるのである。

　なお，失業して医療保険が「被用者保険」から「国民健康保険」に切り替わる場合，会社都合（非自発的失業）の場合は，申請によって国保料が減額される。だから，この点でも，会社都合がベターである。

■給付期間を延長するウルトラC 「公共職業訓練─訓練延長給付」

　さて，給付期間を長くする方法のウルトラCは，ジャーン，それは「公共職業訓練」である。

　イメージ図を見てください。たとえば，基本手当（失業手当）の給付期間120日の人が，基本手当（失業手当）をもらい始めて91日目から，公共職業訓練（例えば6ヵ月＝180日）を受講する。すると，失業手当は公共職業訓練の受講期間中いただける。つまり，このケースだと，150日間給付期間が増加するということで，「大得」となる。

図表７−10　失業手当の給付期間と公共職業訓練のイメージ図

イメージでは簡単な理屈なのだが，正直言って，実際問題はそう簡単に事は運ばない。

[そもそも公共職業訓練とは何か？]

公共職業訓練は，管轄元で2つに分かれる。厚生労働省が所管する独立行政法人「高齢・障害・求職者雇用支援機構」の公共職業訓練校と「都道府県」の公共職業訓練校である。

職業能力開発校は，学校教育法の学校ではなく，職業能力開発促進法に定められている施設である。都道府県は設置しなければならず，市町村は設置してもいいよ，ということになっている。市町村で設置しているのは横浜市だけである。

図表7－11　職業訓練校の施設数

施設	概要	設置主体	施設数
職業能力開発校	中卒・高卒者等，離職者，在職者に対する職業訓練	都道府県	158
		市町村	1
職業能力開発短期大学校	高卒者に対する高度な職業訓練（専門課程）	機構	1
		都道府県	13
職業能力開発大学校	高卒者に対する高度な職業訓練（専門課程）専門課程修了者等に対する高度な応用職業訓練	機構	10
職業能力開発促進センター	離職者・在職者に対する短期の職業訓練	機構	61
専修学校等民間教育機関	離職者向けに職業訓練を委託。数多くある。		

※施設数は，平成25年4月時点。

職業能力開発校は，さまざまな経緯があって，都道府県によって，バラバラの名称を使用している。たとえば，東京都は，約10年前までは「技術専門校」と称していたが，今は「職業能力開発センター」を使用している。そのため，機構の「職業能力開発促進センター」と間違えてしまうことがある。

埼玉県は，「職業能力開発センター」もあれば「高等技術専門校」もある。千葉県は「高等技術専門校」もあれば「キャリアアップセンター」もある。神奈川県は「総合職業技術校」もあれば「高等職業技術校」もある。新潟県は「テクノスクール」であり，兵庫県は「高等技術専門学院」である。

　東京都の「職業能力開発校＝職業能力開発センター」は，13校ある。文京区後楽，千代田区飯田橋，板橋区舟渡，北区西が丘，品川区東品川，大田区羽田，足立区綾瀬，江戸川区中央，台東区花川戸，昭島市東町，八王子市台町，府中市南町，小平市小川西町にある。たとえば，文京区後楽にあるのは「中央・城北職業能力開発センター」である。他のところも「○○職業能力開発センター」となっているが，小平市小川西町だけは，職業能力開発センターを名乗らず，「東京障害者職業能力開発校」という名称である。

　民間委託に関して，**図表７－11**の最下段に「専修学校等民間教育機関，離職者向けに職業訓練を委託。数多くある。」と記載した。機構および都道府県は，多様な訓練コースを，専修学校・各種学校・大学・大学院・NPO・事業主・事業主団体へ委託している。訓練期間は標準３ヵ月（１ヵ月当たり原則100時間以上）となっている。対象者は，離職者である。

　たとえば，埼玉県が委託している講座は，2020年８月開講は，介護初任者が５講座，介護実務者が２講座，簿記会計が２講座，医療事務が１講座，企業実習付医療事務が１講座，IT基礎が５講座，IT応用が３講座，IT専門（Webサイト制作）が１講座，宅建・一般事務が１講座，建築CADマスターが１講座となっている。この10年の傾向は，介護とITが人手不足なのが分かる。

[公共職業訓練の対象者]

　念のため明確にしておきますが，公共職業訓練の対象者は，離職者だけではない。学卒者，在職者も受講できる。離職者はハローワーク経由で応

募する。学卒者・在職者は実施機関に直接応募する。

　入学試験（書類選考，面接，適性検査，筆記試験）もあり，不合格も発生する。リーマンショック以前は募集定員に満たないコースが多かったが，リーマンショック後は不合格者が大勢発生している。受験対策としての「過去問」はハローワークで公開されている。安易な「基本手当（失業手当）を長くもらうために受講しよう」という気持ちで，ポッと受験しても，不合格になるかもしれない。

　それから，当然のことながら，毎日が受験日ではない。自分の進みたいコース，受験日，過去問をしっかり頭に入れて，事前準備することが必要である。

　それから，重要なことは，離職してハローワークで就活を始めると最初に「求職票の希望職種」を書くが，その職種と公共職業訓練の受講希望コースが全く異なっていると，「この求職者はちゃらんぽらん思考。信用できない」と見なされて，ハローワークでも受験現場でも不利に作用するようだ。だから，離職前に公共職業訓練のパンフレット等で事前調査・事前準備することをお勧めする。

図表7－12　公共職業訓練の実施状況

（平成28年）

		合　　計		機　　構		都道府県	
		受講者数	就職率	受講者数	就職率	受講者数	就職率
離職者訓練		92,538	－	21,702	－	70,836	－
	うち施設内	28,857	84.1%	21,179	84.8%	7,678	77.8%
	うち委託	63,681	72.4%	523	78.2%	63,158	72.3%
在職者訓練		89,735	－	48,954	－	40,781	－
学卒者訓練		17,877	96.8%	5,655	99.3%	12,222	96.1%

[訓練延長給付]

　以上のことを復習すると，「失業者が失業手当（基本手当）を受給している途中に，公共職業訓練を受講し始めると訓練が終了する日まで引き続き基本手当（失業手当）が支給される」ということである。これを「訓練

延長給付」という。雇用保険法第24条に定められている。

　最大の注意点は，訓練延長給付はハローワークから「受講指示」を受けた場合だけである。「受講推薦」の場合はない。とにかく，ハローワークでよく相談することが大切である。

　なお，訓練延長給付以外にも「受講手当（要するに昼食代）」や「通所手当（交通費）」や「寄宿手当」が支給される。

4 第2のセーフティネット（安全網）は画期的でビックリ！

■そんなおいしい話あるわけない

　労働者が失業すると，第1のセーフティネット（安全網）は，「雇用保険」である。しかし，雇用保険の網から落ちてしまう人が非常に多い。たとえば，次のような人達である。

（イ）雇用保険の失業手当（基本手当）をもらっていたが，給付期間は終了してしまった。当然ながら，失業手当（基本手当）なし。

（ロ）雇用保険適用事業所で働き始めたが，10ヵ月後に自己都合で退社した。被保険者期間が短いので失業手当（基本手当）を支給されない。

（ハ）そもそも雇用保険のない職場で働いていた。理屈のうえでは，そうした職場は激減したはずだが，現実問題として，かなり存在している。

（ニ）自営業が倒産あるいは廃業して，就活を始めた人。

（ホ）高校・大学を卒業したが，就職が決まらなかった人。

　こうした場合，従来の公的セーフティネットは，最終セーフティネットの生活保護しかなかった。しかし，若者・壮年で心身健康の場合，そんなに簡単には生活保護はOKにならない。だから，失業がホームレスに直結してしまうケースが多かった。

　そこで，整備されたのが，「第2のセーフティネット」である。

あっさり言うと，「困窮の中，職を探している皆さん，無料で職業訓練しますよ。その間の生活費や家賃の面倒もみますよ。アパート家賃をもらえますよ，訓練期間中は毎月10万円もらえますよ。保証人なしでお金も貸します」ということである。

こんな話をすると，「まさか，そんなおいしい話，世の中にあるわけがない。手数料をむしりとる詐欺じゃないか」と反応する人が，今でも非常に多い。確かに，12〜13年前なら信じられない制度だ。でも，できたの。ホントだよ。

12〜13年前，「第2のセーフティネット」が暫定的に出発した翌月，私はチラシを500枚つくって，アパート等にポスティングしたことがある。私が配布したチラシを見て，5人から電話があり相談にのった。500枚のチラシで5人が相談にきた——不況・失業が異常事態と驚いた。今でも，似たような状況ではなかろうか……。

なお，あらかじめ断っておきますが，第2のセーフティネットや生活保護では，住民票だけの世帯分離をしても，メリットはない。家族の「実態」を重んじて判定する。別居していて，結果として「世帯が分離」している場合は，可能性がある。

図表7−13　第2のセーフティネットのイメージ図

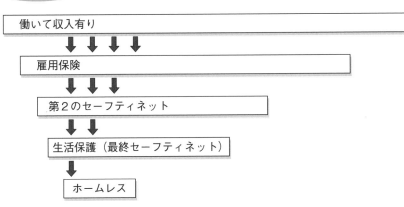

■第2のセーフティネットの3ケース

　離職者を，3ケースに分けて考えると分かりやすい。ポイントは，「住居確保給付金（住宅手当）」の支給，「総合支援資金貸付」，「職業訓練受講給付金（求職者支援制度）」の支給，の3つである。

[ケース1] **住居がなく，雇用保険受給資格のある離職者**

- まず，雇用保険の手続きをする。
- 自治体から，「住居確保給付金」の支給を受けられる可能性あり。原則3ヵ月（延長して最大9ヵ月）。老婆心ながら，「支給」とは，返済義務なしということ。後述の「住居確保給付金」を参照。

[ケース2] **住居がなく，雇用保険受給資格のない離職者**

- 自治体から，「住居確保給付金」の支給を受けられる可能性あり。原則3ヵ月（延長して最大9ヵ月）。後述の「住居確保給付金」を参照。
- 社会福祉協議会から，「総合支援資金貸付」として，住居入居費や生活支援費などの貸付を受ける可能性あり。後述の「総合支援資金貸付」を参照。
- ハローワークの支援指示により「所定の職業訓練」を受講した場合に，訓練期間中，「職業訓練受講給付金（求職者支援制度）」の支給を受けられる可能性あり。要するに，無料で勉強できて，給付金までもらえる。後述の「職業訓練受講給付金（求職者支援制度）」を参照。

[ケース3] **住居があり，雇用保険受給資格のない離職者**

　「総合支援資金貸付」と「職業訓練受講給付金（求職者支援制度）」が用意されている。

　第2のセーフティネットの概要は，以上のようなものですが，窓口が「ハローワーク」「社会福祉協議会」「自治体（福祉事務所のところが多い）」

に分かれている。とりあえず，ハローワークへ行って相談することをお勧めする。

■住居確保給付金……支給だから返済なし

［制度の趣旨］　就労能力と就労意欲のある離職者で，「住宅を失った，または失う恐れのある場合」の支援策である。

［申請窓口］　窓口は，市区町村の福祉事務所，または社会福祉協議会。

［給付額］　支給額は，賃貸住宅の家賃額。ただし，地域ごとに上限額（生活保護の住宅扶助特別基準と同額）が設定されている。なお，収入に応じた調整がある。

　　たとえば，東京都の区市の場合，

　　　　単身者・収入13万8,000円以下の場合，月額5万3,700円。

　　老婆心ながら，「支給」とは返済しなくてよい，ということ。

［支給期間］　原則3ヵ月。一定の条件を満たせば，最大9ヵ月。

［支給条件］　主な要件だけを列記しておきます。

①就労能力・常用就職の意欲があり，ハローワークに求職申込を行うこと。

②住宅を失った。つまり，友人宅を転々としている。賃貸住宅に居住している住宅を失う恐れがある。つまり，家賃が払えなくなった，このままでは家賃が払えなくなりそうだ。

④申請者および申請者と生計を一つにしている同居の親族の収入の合計が，一定額以下。

⑤申請者および申請者と生計を一つにしている同居の親族の預金額合計が，一定額以下。東京都の場合，単身者なら約50万円以下。

⑥国や地方自治体等が実施している類似の給付・貸付を受けていない。

　さて，ここで「申請者および申請者と生計を一つにしている同居の親族の収入の合計が……」という言葉が登場した。住居のことなので，世帯ではなく「同居」で判断するということ。

なお，新型コロナ大不況では，住居確保給付金の条件が緩和されたこともあって，利用者は前年度の約100倍になっている。

■総合支援資金貸付……連帯保証人なしでもOK

「総合支援資金貸付」は，社会福祉協議会が実施している「生活福祉資金貸付」の一分野である。「生活福祉資金貸付」に関しては，後で述べる。

申請窓口は，市区町村の社会福祉協議会（通称は「社協」）。市区町村と表裏一体の関係にある。

図表7－14 総合支援資金貸付

	主な使途	貸付額
生活支援費	生活再建までの間に必要な生活費	2人以上世帯…月20万円以内 単身世帯…月15万円以内 ※貸付期間は，最長12ヵ月
住居入居費	敷金・礼金など住宅の賃貸契約を結ぶために必要な経費	40万円以内
一時生活再建費	生活を再建するため一時的に必要な費用 例：就職・転職を前提とした技能修得費，滞納している公共料金，債務整理手続き費用	60万円以内

※債務整理手続き費用には，返済金は含まない。

［連帯保証人・貸付利子］

連帯保証人がいる場合……無利子

連帯保証人がいない場合…年1.5％

従来，公的貸付では連帯保証人を必要とした。「連帯保証人なし」でもOKとする制度は，実に画期的である。なお，2020年4月から「連帯保証制度の大幅制限」が施行された。時代は，連帯保証制度の原則禁止の方向で動いている。

[貸付条件]

　主な条件だけ列記しておきます。

①低所得者世帯で，困窮している。

②現に住居を有している。または，住宅確保給付金の申請中で，住居確保が確実に見込まれる。つまり，ホームレス状態ではダメということ。ホームレスには，別体系の支援策がある。

③他の公的給付・公的貸付を受けることができない。

■職業訓練受講給付金（求職者支援制度）……月額10万円，返済無用

　求職者支援制度は，2011年（平成23年）10月からスタートした。これは画期的制度である。画期的過ぎるから，「バラマキだ！」と非難する人もいる。

　リーマンショック後，1年以上の長期失業者が増加して，過去最高の120万人。また，現役世代の生活保護も増加している。こうした状況を打破するには，積極的な「就職相談と職業訓練」を圧倒的に増大させねばならない。イギリスでは，失業者に個人アドバイザーをつけるなど「積極的雇用対策」に力を注いでいる。日本とアメリカは積極的雇用対策費が低水準（GDP比）で，OECD平均の半分以下に過ぎない。

　従来の失業者の就活は，情報提供だけの「自分で仕事を探しなさい」という消極的雇用対策であったが，変化急ピッチ時代にあっては積極的雇用対策（就職相談と職業訓練）が絶対必要となった。

[制度の趣旨]

　雇用保険を受給できない人を対象とする。

①ハローワークが「所定の職業訓練」（受講料無料）を支援する。

②ハローワークが積極的な就労支援する。

③しかも，一定の要件を満たす方には，安心して訓練を受けていただくた

めに「職業訓練受講給付金（月額10万円）」を支給する。支給ですから返済無用。

[申請窓口]

ハローワーク

[職業訓練受講給付金の支給額]

職業訓練受講手当………月額10万円

通所手当（交通費）……通所経路に応じた金額

原則，最長1年間

なお，この給付金に加えて，希望により，労働金庫から「求職者支援資金融資」の貸付を受けることも可能。単身者月5万円，家族がいる場合は月10万円。これは，要返済。

[職業訓練受講給付金の支給対象者の条件]

主な条件だけ列記しておきます。

①ハローワークの支援指示により，「所定の職業訓練」を受講する。

②本人の収入が月8万円以下，かつ，世帯収入が月25万円以下（年300万円以下）。

③全世帯の金融資産が300万円以下。

④すべての訓練実施日に出席する（やむを得ない理由がある場合は，8割以上の出席）。欠席すると面倒なことになる。

⑤同世帯の人で，同時にこの給付を受給して訓練を受けていない。

⑥すでにこの給付金を受給したことがある場合は，6年以上経過していること。

さて，②・③・⑤の世帯の意味は，住民票の世帯を意味しておらず，同居または生計を一つにする別居の配偶者，子，父母も該当する。言うなら

ば，「拡大世帯主義」である。

「所定の職業訓練とは」

　前段①の「所定の職業訓練」とは何か。「公共職業訓練」または「求職者支援訓練」を指す。「公共職業訓練」に関しては，**3**「基本手当（失業手当）を長期間いただく方法」の部分で説明した。

「求職者支援訓練」とは，何か？

　これは，独立行政法人「高齢・障害・求職者雇用支援機構」が管轄していて，実態は民間専門学校などに委託している。どんな学校，どんなコースがあるかは，そのホームページにズラリと掲載されている。

　オフィス基礎科，OA事務基礎科，IT・パソコン基礎科，人事労務基礎科，OA会計基礎科，Webサイト制作科，アプリ開発科，経理・財務スタッフ養成科，簿記会計事務科，医療事務科，ホームヘルパー養成科，観光ビジネス科，デジタルデザイン科，電気工事士育成科，ビルメンテナンス科，インテリアデザイン科，ネイリスト養成科，マンション管理科……。とにかく多種類ある。とにかく，ハローワークへ行くこと。

　リーマンショックのとき，第2のセーフティネットが整備された。確かに，「授業中居眠りしていても，給付金をもらっている」という人物もいる。しかし，何事も100％上手くゆく——ということは絶対にない。職業訓練で半分の人が就職・自立できたら，それはもう大成功と思う。

■臨時特例つなぎ資金貸付

　失業して，雇用保険または第2のセーフティネットの申請をしても，現実に現金を手にするには，それなりの日数を要する。その間の当座の生活費を貸し付ける。申請窓口は，市区町村の社会福祉協議会。10万円以内。連帯保証人不要。無利子。

5 生活福祉資金

■連帯保証人なしでも OK

前段で説明した「総合支援資金貸付」に関して補足説明を。「総合支援資金貸付」は，社会福祉協議会が実施している「生活福祉資金貸付」の1種類である。

生活福祉資金貸付は，総合支援資金，福祉資金，教育支援資金，不動産担保型生活資金の4種類がある。

生活福祉資金貸付の対象者は，「低所得者世帯（市町村民税非課税程度）」，「障害者世帯（手帳交付者等がいる）」，「高齢者世帯（65歳以上がいる）」となっている。

連帯保証人は，原則必要だが，いなくても貸付可能。「連帯保証人がいなくても貸付可能」は大英断である。すごいですねぇ～。なお，悪知恵の悪人が，「無職者に借りさせて，巻き上げる」という悪事をしているという噂がある。

連帯保証人あり……利子無利子
連帯保証人なし……年 1.5%
　※緊急小口資金と教育支援資金は，連帯保証人なしでも無利子。
　※不動産担保型生活資金は年3％または長期プライムレートのいずれか低い利率。

■大別して4分類の貸付……総合支援資金・福祉資金・教育支援資金・不動産担保型生活資金

①総合支援資金貸付

　4「第2のセーフティネット（安全網）は画期的でビックリ！」で説明

したように，生活支援費・住居入居費・一時生活再建費の３つがある。

②福祉資金貸付

- 福祉費……生業を営むための経費，その他いろいろ。580万円以内。
- 緊急小口資金……10万円以内。

③教育支援資金貸付

- 教育支援費……高校月3.5万円以内。高専月6万円以内。短大月6万円以内。大学月6.5万円以内。
- 就学支度費……高校，大学，高専の入学に必要な経費。50万円以内。

> ### コラム7　東京都独自の「受験生チャレンジ支援貸付事業」は入学したら返済免除
>
> 　中学３年生，高校３年生を対象に，「塾費用」「受験料」を無利子で貸し付ける。そして，めでたく高校・大学等に入学した場合は，「返済免除」される。
>
> 　条件は，貧困（貧困の基準は省略）であることなど。窓口は，市区町村によって，福祉事務所であったり社会福祉協議会であったりする。かなり大勢の親が利用している。

④不動産担保型生活資金

- 不動産担保型生活資金……土地の評価額の70％程度。月30万円以内。

　第２のセーフティネット，および生活福祉資金に関しては，平穏に生活が維持されている場合は，無関係。しかし，必要になったときは，制度の存在自体を知らないので，真っ暗闇。また，知人・友人の中には，必要としている人がいるかもしれない。「絆」「つながり」「ネットワーク」が重要と思われる時代であるから，ぼんやりした知識でよいから，「こんな制度があるんだって」と四方山話にしてほしい。

なお，2020年の新型コロナによって，コロナの影響の場合は「総合支援資金貸付」と「緊急小口資金」の金額がアップになった。そして，利用件数も激増した。

第 8 章

労災保険は
労働者なら誰でもOK

① 労災保険の概要

　社会保険は5つある。医療保険，介護保険，年金保険，雇用保険，そして労災保険である。労災保険に関しては，「世帯」や「世帯分離」は無関係。でも，せっかく5つのうち，4つを説明したので，労災保険を完全無視するのもナンか変なので，少しだけ説明。

■労災保険とは……「手厚い」

　労働者災害補償保険法（略して，「労災保険法」という）に基づく。労災保険法では，次の2事業を担っている。

①労働者が「業務災害」または「通勤災害」により負傷した場合，疾病にかかった場合，障害が残った場合，死亡した場合などについて，被災労働者または遺族に対して保険給付を行う。「とても手厚い給付」と覚えてください。

②被災労働者・遺族の福祉増進のため，労災病院の設置，未払い賃金の立替払いなどの労働福祉事業を行う。

　むろん，①が労災保険の主要任務で，②は付録である。

　なお，労災は労働者福祉の制度であるが，事業者にとっても大いに有用な制度である。万一の労働災害発生の際，巨額な保障金の負担から回避できるからである。

［事業者］

　労働者を1人でも使用する事業は，労災保険法の適用事業となり，加入して保険料を納付する。約60万社が未加入事業者。

［保険料］

　全額，事業主負担。危険な職種では保険料率が高率となっている。

[労働者]

被災労働者は，事業主が労災保険への加入手続きの有無に関係なく，あるいは保険料納付の有無に関係なく，保険給付を受けることができる。労災保険の「すごい点」は，これだ！

なお，事業主（社長）自身は労災保険に「特別加入」できる。特別加入している事業者（社長）は労働者と同じような仕事をしていて労働災害に遭遇すれば，保険給付を受けることができる。したがって，労働者と同じような仕事でない場合，たとえば株主総会で怪我をしても労災の保険給付はダメとなる。

[労災保険と健康保険]

労働者が負傷・疾病した場合，「業務が原因の場合は労災保険」であり，「業務以外が原因の場合は健康保険」となる。業務上災害の場合，健康保険は利用できない。

それから，労災の給付と健康保険の給付がダブってしまうことがしばしばある。労災の専門担当者，健康保険の専門担当者とよく相談することが肝心である。中途半端な知識だと面倒なことになる可能性がある。

[労働基準監督署]

労災は稀なことだから，一般的に知らないことだらけ。分からなければ，労働基準監督署に聞く。

労災保険は，厚労省の「労働基準監督署」が受け持っている。厚労省の地方出先機関に「都道府県労働局」がある。これは，「東京労働局」「大阪労働局」という名称になる。そのため，都道府県の機関と間違えられるが，「都道府県労働局」は国（厚労省）の機関である。その下部組織に「労働基準監督署」「ハローワーク（公共職業安定所）」「雇用均等室」がある。

■労災保険給付の種類

推理小説で，未亡人が夫の死が「どうか労災であるように」と願う場面があった。死亡の原因が殺人の場合，国民年金であれば遺族基礎年金，厚

生年金であれば遺族厚生年金が支給される。犯人に民事の損害賠償請求をできるが，犯人が無資産であれば意味がない。でも，労災で死亡したとなれば，若干の調整はあるものの，遺族基礎年金や遺族厚生年金に加えて，労災の「遺族（補償）年金」ももらえる。要するに，労災は「手厚い」のである。推理小説では，読者に「犯人は，労災年金目当ての妻」と思わせるのがミソであったが……。

　推理小説はさておいて，労災には以下8つの保険給付がある。

①療養補償給付・療養給付…2つ合わせて「療養（補償）給付」という。
　②以降も同じ用法。
　・療養補償給付とは，業務災害の場合の給付。
　・療養給付とは，通勤災害の場合の給付。
いずれも，被災労働者は，無料で療養を受けられる。

②休業（補償）給付

　業務災害，通勤災害で，4日以上賃金が受けられない場合，給付される。

③障害（補償）給付

　（イ）障害（補償）年金

　　　業務災害または通勤災害による傷病が治ったとき，障害等級第1級から第7級までに該当する障害が残った場合。

　（ロ）障害（補償）一時金

　　　業務災害または通勤災害による傷病が治ったとき，障害等級第8級から第14級までに該当する障害が残った場合。

図表8-1　労災6級と障害者手帳6級の違い（手指の欠損の場合）

労災保険の6級	片手の5本の手指が失う。 または，親指を含む4本の手指を失う。
障害者手帳の6級	片手の親指の機能の著しい障害。 または，人差し指を含めて片手の2本の指を欠く。 または，人差し指を含めて片手の2本の指の機能を全廃したもの。

なお，労災認定の障害者等級は，障害者手帳の等級とは異なるので，誤解しないように。

④遺族（補償）給付

　（イ）遺族（補償）年金

　　　業務上災害または通勤災害により死亡した場合。

　（ロ）遺族（補償）一時金

　　　遺族（補償）年金を受け取る遺族がいない場合。

⑤葬祭給付（葬祭料）

　業務上災害または通勤災害により死亡した人の葬祭料。

⑥傷病（補償）年金

　業務上災害または通勤災害による傷病が，１年６ヵ月を経過した日，または同日以後において治っておらず，傷病による障害の程度が傷病等級に該当する場合。

⑦介護（補償）給付

　障害（補償）年金または傷病（補償）年金の受給者で，介護を要する場合。

⑧二次健康診断等給付

　事業主が実施する健康診断のうち直近のもの（一次健康診断）において，「一定の診断」がなされた場合。「一定の診断」に関しては，説明省略。

■労災の認定

　労災の認定は，労働基準監督署の職員が行う。労災認定の「YES・NO」は労災判定基準があるものの，実際問題，微妙なケースが多々あるのは事実である。なお，認定されずに不服の場合は，不服を申し出る。それでもダメなら訴訟となる。

　なお，労災を申請してから認定決定まで，半年から１年もかかる。時間がかかりすぎ，という指摘はもっともだ。

［業務災害］

　専門用語を用いると「労働者が使用者の支配下（業務遂行性）において労働を提供する過程で，業務に起因（業務起因性）して発生した災害」ということになる。ただし，労働者が使用者の支配下にあれば，必ずしも業務に起因した災害でなくてもいい。何のことだか，よく分からないので，個別事例を。

（ケース１）　レストラン調理員が調理中，包丁で指を切った。労災である。
（ケース２）　社員食堂へ行く途中の階段で，転んでケガをした。たぶん労災になる。
（ケース３）　自由参加の職場の忘年会でケガをした。これは労災ではない。

［通勤災害］

　労働者が住居と職場との間を合理的経路および方法で往復している最中に遭遇した災害。「合理的経路および方法」という抽象的表現では理解できないので，個別事例を。

（ケース１）　マイカー通勤者（夫）が共稼ぎの妻を同乗して事故に遭遇し，被害者となった。妻の職場は夫の職場の200メートル先にある。夫の職場を通り過ぎて，妻の職場近くで被害者となった。200メートルくらいなら労災である。しかし，仮に3キロ先となると遠回りと判断されて労災にならない。
（ケース２）　鉄道・バスで通勤しているが，ときどき健康のため自転車通勤をする。自転車通勤中に事故に遭遇し，被害者になった。労災である。

2 労災保険がらみの３つの話題

■労災隠し

　事業者は，事業災害が発生すれば，労働基準監督署へ届出をしなければならない。しかし，零細事業者の場合，「こんなメンドクサイことは，こりごりだ」ということで，小さな災害では無視したりする。あるいは，労災保険料はメリット制があり，労働災害がゼロだと保険料が安くなる。逆に，労働災害の発生は保険料負担が増加する。さらには，労働災害は会社の信用低下を招く可能性もある。あれやこれやで，事業者は「労災隠し」を行うことがある。

　労働安全衛生法では，従業員に休業が発生しない程度の小さな災害の場合は報告義務がない。だから，通常の健康保険を使って治療し，事業者が「お見舞い金」を渡して，それで済ませてしまうことがしばしばある。別段，それでも OK で，報告義務をサボっただけのことである。誤解を招きかねない言い方だが，労災保険が本旨としている災害とは，死亡とか障害が残ったとか，大きな災害なのであろう。

■過労死は減っていない

　過度な仕事（長時間残業・休日なし勤務）が原因で，くも膜下出血などの「脳・血管疾患」や，心筋梗塞などの「心臓疾患」で突然死することがある。日本語の「KAROSHI」が英語の辞書に掲載されている。先進国を自負する日本の過酷な労働状況に悲憤慷慨。

　2000 年（平成 12 年）7 月の最高裁判例を受け，厚労省の労災認定基準に，「発症前 6 ヵ月間の長期間にわたる疲労の蓄積」が考慮されるようになった。しかし，それから 20 年経過したが，毎年約 200 人以上が過労死となっている。

業種別では，「運輸業，郵便業」，「卸売・小売業」が多い。年齢別では，40代，50代が多い。

■精神障害は増加傾向

　仕事の各種ストレス（長時間労働など）によって精神疾患に陥ってしまう人も多い。精神疾患の中でも，「うつ」が多い。私の知人でも，数人いる。

　長時間労働などで精神疾患に陥り（認定件数毎年約400人），そのうちで自殺者は60人以上いる。「長時間労働→精神障害→自殺」は，悲しい現実だ。

　業種別では，「社会保険，社会福祉，介護事業」および「医療業」の多さが目立つ。年齢別では30代が多い。心やさしい人が陥っているのかもしれない。

第 9 章

生活保護・ホームレス・刑務所

1 生活保護

■生活保護と世帯分離の誤解

　生活保護は，世帯がどうのではなく，「実態」を調査して決定する。

　次のような事例を考えてみる。

　親子2人がアパートで同居の同一世帯の場合。親は病気で臥せっていて無収入。子は，月収18万円。子は労働と看病でフラフラ状態。同居の場合，同一世帯であろうが，なかろうが，2人まとめて，保護基準か否かを判断するから，18万円の収入だと生活保護はダメ。同居しつつ世帯分離して，親だけ生活保護ということはダメである。

　2人で同居していては「共倒れ」の恐れがある場合，別居すれば，病気の親が生活保護開始ということは有りうる。これは，「転居」すれば自動的に「世帯が分離して別世帯」となるだけのことで，住民基本台帳法の「世帯分離」ではない。

　共倒れで2人分の生活保護よりも，1人分のほうが役所としては合理的だ。

　同じようなケースとしては，兄弟2人の同居でも発生する。

　まあ，「転居によって別世帯」と「同居しつつ世帯分離」は意味が違うが，ややこしい話なので，世間では同一視されているようだ。

　新しい問題として，ルームシェアの場合がある。つまり，親族や恋愛関係にない他人同士が共同でマンションなどを借りて居住している場合である。同居人は民法の扶養義務者ではない。同居人の1人が困窮に陥った場合，どうなるか？

■ドンドン増加は構造問題

　生活保護者数がドンドン増加している。1993年（平成5年）の88万人

を底に一貫して増加して，2015年（平成27年）が過去最高の217万人となった。その後は，若干減少した。しかし，2020年は新型コロナで激増する。

原因に関して，いろいろ発言されている。

①不正受給の横行……これは微々たる数に過ぎない。

②経済悪化説……「景気さえ良くなれば，すべて上手くいく」論は説得力があるが，そんな簡単なものではない。

③構造問題説……現行生活保護制度は，正社員終身雇用制度・強固な家族制度などを前提に制度設計がなされた。前提が崩れたので，生活保護増加は必然。非正規労働者を中心とするボーダーレス層，無年金・低年金の高齢者は膨大な生活保護予備軍を形成している。実際，高齢者の生活保護は増加の一途である。

アジテーターは，「不正受給」を叫び，よろず評論家は「経済悪化説」を語る。本当の専門家は，「構造問題説」を指摘するが，それは全然知られていない。

■大阪が最悪

2017年の生活保護率（実人員）は全国平均で1.69％となっている。つまり，59人に1人。地域的傾向は，なぜか「西高東低」である。その中でも，約30年前までは，旧炭鉱地帯の生活保護率が高く，福岡と北海道が1位，2位の常連であった。「石炭から石油への転換」という国家政策の後遺症が長く続いたのだ。また，その地帯では，暴力団との関連も頻繁に取り沙汰されていた。バブル崩壊後の不況時代では，大阪・京都など経済不況地帯が高くなった。

現在は，大阪府が全国最高の生活保護率（3.31％）であり，さらに大阪市に限定すれば，断トツの5.34％（つまり19人に1人）である。この数字にビックリしたので，大阪市の生活保護を若干調べてみた。西成区が

23.5％（つまり4人に1人），浪速区が7.3％（つまり13人に1人）である。ギョ，ギョ，ギョ！

　2011年（平成23年）3月11日の東日本大震災によって，被災地では生活保護が急増するであろうと推測された。厚労省の2012年9月までのデータによると，累計で生活保護の申請件数は約2,000件，開始世帯数は約1,400件となっている。開始世帯数は，福島が654，宮城が467，岩手が130，茨城が110，青森が12，その他が21となっている。理由は分からないが，福島県の受給率は全国平均より低い。予想よりも生活保護は増加しなかった。

■支給される保護費，多いか少ないか

　生活保護費は，生活扶助（食費・被服費・光熱水費など），住宅扶助，教育扶助，医療扶助，介護扶助，出産扶助，生業扶助（高校等就学費），葬祭扶助の8種類ある。「扶助」とは，「助け支える」という意味である。

図表9－1　生活扶助の基準額の例

（平成24年度）

	東京23区（1級地—1）	地方の郡部（3級地—2）
高齢者単身世帯 （68歳）	7万8,230円	6万5,270円
標準3人世帯 （33歳・29歳・4歳）	14万8,020円	12万5,640円

※児童養育加算等を含む。

　支給される保護費が，多い・少ない，という議論は制度スタート以後，ずっと繰り返されてきた。保護費は5年ごとに改定される。

　第2次安倍内閣は，生活保護費の削減に取り組んだ。その理由は物価下落分と「プラスα」のようだ。物価下落分は，まあ分かる。しかし，「プラスα」の中身がさっぱり分からない。ワーキング・プアが膨大な数にのぼり，それとの均衡という理由が語られた。なんとも悲惨な理由に思える。生活保護とワーキング・プアが「下に向かって」の貧困競走をしている感

じだ。

　それと，生活保護の受給金額の計算が，「何が何だか分からない」というぐらいの複雑怪奇になってしまった。基準額が3種類も登場，逓減率，経過的加算が登場して，いかなる算数計算で，この金額になるのか分からない。「分からない」が「不信」につながっている。

■不正受給

　生活保護の不正受給が大騒ぎされている。全生活保護世帯での不正発生率は2.2％，保護費総額に占める不正受給額は0.5％（173億円）である。むろん，この数字は発見されたものだけで，潜んでいる数字はもっとあるかと思う。

　不正受給額の0.5％（173億円）が多いか少ないかは，読み取る人の感覚の問題だろう。冷静に考えれば，不正が全国的に蔓延しているわけではないように思う。

　ただ，大阪・北海道・高知・福岡など生活保護率が高い地域では，たぶん不正受給も多いのかもしれない。大阪府警は不正受給対策本部を設けたくらいだから，多いのだろう。

　さて，レアケースであっても「不正受給はケシカラン」は，間違いなく正義だ。それが，論理的に飛躍がなされた。「生活保護では不正受給が蔓延」→「生活保護者はズルイ人間が多い」→「生活保護糾弾は正義」となってしまった。

　もちろん，不正受給を正すことは良いことだ。それはそれとして，生活保護は構造問題であるから，その本筋の改革に着手しなければならない。本筋の改革案は，すでに各方面から提案されている。たとえば，2010年（平成22年）10月，指定都市市長会は『社会保障制度全般のあり方を含めた生活保護制度の抜本的改革の提案』を出した。題名のとおり，社会保障全般の改革が必要なのだ。

だが，社会が不安視されると，地道な政策よりも，「友・敵」理論に支持が集まる。「友・敵」理論は，ドイツの天才政治学者カール・シュミットの『政治的なるものの概念』の理論だが，説明省略。要するに，「敵―不正―生活保護者―弱者―少数派」・「友―正義―非生活保護者―強者―多数派」のように，友・敵を峻別し独裁的（毅然として）に決すれば，それこそが「政治」であるというもの。

この論理で大成功を収めたのがレーガンの「福祉の女王」糾弾である。「福祉の女王」とは，働かず福祉を受けながらキャデラックを乗りまわす子だくさんの黒人シングル・マザーのことで，米ジャーナリストが必死に探したが発見できなかったという都市伝説。「福祉の女王」糾弾は，レーガン人気と福祉削減の正当化に驚異的な効果を発揮した。

今の日本，レーガンの物真似現象が発生しているようだ。

議会制民主主義の本質とは，友・敵峻別ではなく，本筋の改革を時間をかけて妥協・調整をしながら実行することだが，社会の不安感が巨大化すると，カール・シュミットの理論が浮上してくる。

■生活保護改革の方向性

現行生活保護は，正社員終身雇用制度・強固な家族制度などの構造を前提にしているため，保護者は増加し続ける。前提構造が崩壊，すなわち非正規労働者の爆発的増加，核家族時代に突入である。そのため，「ボーダーライン層」は少々の経済悪化で大量に生活保護へ移行する。また，無年金・低年金が膨大な数のため，高齢化のスピード以上に高齢生活保護者は増加する。したがって，社会保障全般の改革を視野に入れなければならない。指定都市市長会の『提案』をベースに，改革の方向性をまとめてみた。

①ボーダーライン層が生活保護に転落するのを防止する。非正規労働者の「雇用保険加入なし⇒加入」「国保⇒被用者保険」「国民年金⇒厚生年金」を推進。また，「第2のセーフティネット」の質も量も拡充。失業者への個別アドバイザー制導入も考える。

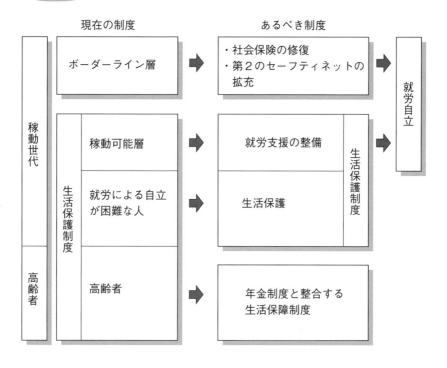

図表9-2　生活保護改革の方向性

現在の制度　　　　　　　あるべき制度

稼動世代

- ボーダーライン層 ➡ ・社会保険の修復・第2のセーフティネットの拡充 ➡ 就労自立
- 生活保護制度
  - 稼動可能層 ➡ 就労支援の整備
  - 就労による自立が困難な人 ➡ 生活保護
  - （生活保護制度）➡ 就労自立

高齢者

- 高齢者 ➡ 年金制度と整合する生活保障制度

②稼動可能性層への対応

　◎ハローワークが積極的に支援（支援策はいろいろ考えられる）

　◎就労への意欲がわく制度設計

　　・生活保護期間中の就労収入の積立が一部実現する。現行では，生活保護中に就労しても生活保護費がカットされて就労意欲がわかない。

　　・生活保護レベルの収入でも所得税・住民税が課税されるという逆転現象の解消

　　・生活保護と最低賃金の逆転現象解消

　◎就労の準備段階として軽作業・短時間労働・ボランティア等への参加

③稼動世代で就労困難層……生活保護継続

④高齢者を生活保護から切り離す

　基本的に高齢者を生活保護から切り離して，「生活保護と自立の中間的仕組み」を創設する。そのためには，生活保護費と老齢基礎年金との逆転現象を解消させる。つまり，生活保護費を若干でも上回る「最低保証年金」の創設が不可欠。それに加えて，低家賃の高齢者用住居の整備，低所得高齢者の介護の整備も必要となる。

⑤悪質不正受給対策。暴力団がからむ場合の警察との緊密化

2 ホームレス

■脱出意思さえあれば……

　最後のセーフティネットである生活保護からも脱落しているのが，ホームレスということになる。ホームレス対策は，20年前は手薄だった。「景気が回復すれば自然に減少するだろう」と思い込んでいたようだ。しかし，ホームレスがあまりにも増加したため，行政も対策を講じるようになった。具体的対策は省略するが，本人に「脱出したいという意思」があれば，行政は手助けするようになった。

　その結果，減少に転じた。

　2012年（平成24年）の都市別人数は，東京23区が2,100人，大阪市が2,200人，横浜市が600人，川崎市が540人となっている。総人口と比較すると，大阪市の多さが非常に目立つ。

　2012年（平成24年）の実態調査では，ホームレスに至った理由として，「仕事が減った」が34％，「倒産・失業」が27％，「病気・けが・高齢で仕事ができなくなった」が20％となっている。長期間，ホームレスをしていると，それなりに慣れてしまうらしく，今後の生活について，「今のままでよい」が30％いる。

③ 最終最後のセーフティネットは刑務所……これが現実

■山本譲司の『獄窓記』

山本譲司は菅直人の秘書を経て，都議会議員，衆議院議員になったが，公設秘書の給与流用で実刑となった。刑務所では触法障害者たちの世話をしていた。出所後，ホームヘルパー２級を収得し，訪問介護の仕事を始めた。彼が書いた『獄窓記』（ポプラ社刊，のちに新潮文庫所収）によって，「刑務所の福祉施設化」が世間に知られた。

『獄窓記』には，受刑者の４人に１人が知的障害者である，彼らは無銭飲食などの軽い犯罪である。彼らから「ここが一番暮らしやすい」と言われた……そんなことが書かれてある。

『獄窓記』によって，刑務所の知的障害者の実態が周知され，厚労省は知的障害者の受刑者の再犯防止・自立支援のモデル事業を始めた。

次は，高齢者に関して。刑務所における高齢者の人数が急ピッチで２倍３倍と激増している。日本では，全体の犯罪件数は減少傾向にあるが，高齢者の万引き犯罪だけは激増している。「万引きし，逃げて転んで，捕まった」という悲しい現実が，毎年，万の単位で発生している。普通の国では年齢を重ねるにつれて犯罪数が減少するが，日本では逆だ。高齢者福祉の貧困が，刑務所を老人ホーム化させている。

刑務所職員が「刑務所は福祉施設ではないのだが……」と困惑していた。「最後のセーフティネットは生活保護制度」というのは教科書の話，現実は「最終最後のセーフティネットは刑務所」となっている。レ・ミゼラブル……。

子育て，母子，障害者の社会福祉

❶ 子育ての福祉

■幼児教育・保育の無償化と世帯分離

　2019年（令和元年）10月から，「幼児教育・保育の無償化」がスタートした。政府広報のパンフの表紙には，大きな活字で「幼稚園，保育園，認定こども園等の利用について，３～５歳児クラスが無料になります。」と印刷され，その下に，やや小さめの活字で「住民税非課税世帯は０歳～２歳児クラスも対象」とあります。ジャーン，「世帯」が登場している。

　０歳～２歳児に関しては，「世帯」が肝心となる。たとえば，「60歳の祖父（年収1,000万円），シングルマザーの29歳の娘（年収150万円），１歳の孫」の３人家族を想定してみます。３人が同一世帯だと「住民税課税世帯」なので，無償化の対象でなくなる。しかし，「祖父単身世帯」と「母子２人世帯」になれば，「母子２人世帯」は住民税非課税世帯となり，「住民税非課税世帯は０歳～２歳児クラスも対象」に適用になる。

　少々面倒ですが，誰しも「住民税非課税の範囲はどんな程度か？」を知りたくなる。住民税の仕組みを解説するのは大変なので，必要最小限の「非課税の範囲」をまとめたのが，**図表10－1**である。当然ながら，均等割・所得割の両方とも非課税が「住民税非課税世帯」である。

　税金の話の場合，「収入」と「所得」を混同する人が多いので，この際，「収入－必要経費＝所得」の公式を，ぜひ記憶してください。あわせて，給与所得の場合，「必要経費＝給与所得控除額」であり，公的年金所得の場合，「必要経費＝公的年金等控除額」ということも記憶してください。

　本題に戻って……。

　しからば，前述のモデル家族の場合，本当に世帯分離する必要があるのか，それが問題である。市区町村によっては，「運用・慣行」によって，保育料の場合は親の収入だけで非課税か否か，保育料の金額を判定してい

ることがあるかもしれない。世帯分離しなくても OK の市区町村があるか
もしれない。無料化の制度がスタートしたばかりなので，まだ実態調査を
していないが，多分に前述のモデル家族の場合，3 人世帯であっても，祖
父の収入はカウントしないのではなかろうか……。

図表10－1　住民税非課税の範囲

非課税区分	均等割	所得割
生活保護法の生活扶助を受けている	非課税	非課税
障害者，未成年者，寡婦（寡夫）で，前年の合計所得金額が 125 万円（給与収入金額約 204 万円以下）	非課税	非課税
前年の合計所得金額が次の金額以下の方 　ア．扶養家族がいない方　　35 万円 　イ．扶養家族がいる方 　　　35 万円 × 世帯人数＋21 万円 　　　（扶養家族を有する場合の加算額）	非課税	非課税
上記の金額を超え，前年の総所得金額等が次の金額以下の方 　ア．扶養家族がいない方　　35 万円 　イ．扶養家族がいる方 　　　35 万円 × 世帯人数＋32 万円 　　　（扶養家族を有する場合の加算額）	非課税	非課税

■無償化に関しての議論

　無償化のテーマに関して，さまざまな議論が巻き上がった。

　㋐無償化に莫大な税金を投入するよりも，「待機児童ゼロ」を実現する
　　ために新設保育園を大量に設置すべきである。もう 10 年前か 20 年前
　　か，かなり前から総理も知事も公約している。一応，新設保育園の設
　　置のための財源を少しは増加させている。しかし，実現しない。私の
　　住む東京都杉並区では，2018 年 4 月から「待機児童ゼロ」を実現した。
　　保育園よりも公園だ，保育園ばかり造っている，量より質だ……いろ
　　んな声の反対運動が発生した。しかし，区長の大英断で「待機児童ゼ
　　ロ」が実現した。

　㋑莫大な税金は無償化ではなく，保育園の質のため投入すべきだ。要す

るに，低い保育士の給与をまず上げるべきだ，というわけだ。「保育士の給与が低すぎる」と言われだしてから，多くの自治体ではかなり補助金を増やした。その結果，保育園によってかなり平均賃金に差が生まれているようだ。平均年収が240万円の園もあれば，530万円の園もある。あるいは，同じ園で，昨年と今年の平均年収が100万円もアップしている園がある。補助金の種類が多すぎて，しかも複雑になりすぎているのかもしれない。そのため，会計処理が混乱しているのかもしれない。その検証を，まずすべきである。

㋒同じく，質の向上に関して。保育士の国の配置基準は，0歳児では子ども3人に対して保育士1人である。1歳児は「6対1」（都の基準は「5対1」），2歳児は「6対1」，3歳児は「20対1」，4〜5歳児は「30対1」である。この人員配置では，よい保育はできないとする。配置基準を見直して，保育士の人数を増やすべきだ，と主張する。多くの自治体では，自治体の独自財源で国基準以上の保育士を配置している。

㋓無償化に要する財政負担は，最初は国が負担するが，結局は，都道府県や市区町村も負担することになっている。そのため，自治体が行っている「良い保育」への独自補助金を切り下げて，無償化の財源に振り向けることになる危険性がある。

㋔公立保育園と私立保育園を比べると，同じ規模なら国の補助金は私立に多い。つまり，自治体の財政的立場からすると，「公立が多くて，私立が少ない」ケースは，国の補助金が少ないので苦しくなる。逆に，「公立が少なくて，私立が多い」ケースは，国の補助金が多くなるので楽になる。ぜひ知ってほしいのは，公立保育園の無償化費用は，自治体が負担せねばならなくなる，ということである。「保育園が無償化になった，うれしいわ」と喜んでいたら，気がついたら「公立保育園はなくなってしまった」という市区町村が各地で出現するかもしれない。

ナンカ変だが，そうなっている。「公立と私立のどちらが良いか」という議論もあるが，まずは公平に国の補助金を支出してほしい。

㋕その他，認可外保育施設，幼稚園の預かり保育，病児保育，病児後保育，給食食材費，副食（おかず・おやつ等），通園送迎費などなど。

無償化スタートで，幼児教育をとりまくさまざまなテーマが一挙に噴出した。しかし，基本的に「無償化で，うれしいわ」の感情が支配的であった。日本の行政は複雑怪奇で，理解不能のレベルにあるのかもしれない。だから，一時の「うれしいわ」の感情が重んじられるのかな～。

■ 小・中学生への就学援助

法律的根拠は，「教育基本法第4条（教育の機会均等）」，「学校教育法第19条」，「就学困難な児童及び生徒に係る就学奨励についての国の援助に関する法律」である。

低所得家庭の小学生・中学生が，経済的理由によって修学が困難にならないように，学校で必要な現金（給食費・学用品費・学校行事費など）の一部を援助する制度。どこの市区町村でも制度がある。おおよそ，年間10万円弱を援助。

就学援助の対象者は，どんな経済的レベルの家庭か。1つは生活保護の家庭である。もう1つは生活保護の「少しだけ上」の家庭である。この「少しだけ上」の具体的中身は市区町村によってバラバラである。多くの市区町村では複数の基準を設定しているが，最も重視されている基準は，生活保護基準である。大雑把なイメージならば，生活保護基準の1.2倍～1.3倍以下のところが多いと思ってよい。

杉並区の場合は1.2倍で，「同一生計を営む世帯全員の総所得金額の合計が，生活保護基準の1.2倍以下の世帯（夫婦と子供2人の世帯だと，収入400万円が目安）」となっている。足立区の場合は，生活保護基準の1.1

以下である。なんにしても「世帯」である。

　足立区に関して一言。23区の中で，就学援助を受けている割合が約35％と最高の割合である。そんなことが1.1の理由かもしれない。足立区は，1.1とか1.2とかではなく，基礎学力確保のため「さかのぼり学習」，健康確保のための「歯科検診」などに力を注ぐべきだという方針のようだ。

　さて，ここで**図表10－3**を見ていただきたい。全国の市区町村の中には，「生活保護基準の1.5倍以下」というところが結構あるのだ。「子どもの貧困」が社会問題となっているが，「1.5倍以下の市区町村が相当数ある」という事実はあまり知られていない。そのためか，「1.2を1.5に引き上げよう」といった声は，ほとんど聞かれない。

図表10－2　就学援助の認定基準（平成28年）

認定基準の主なもの	H28自治体数（複数回答）
生活保護法に基づく保護の停止または廃止	1,314（74.4％）
生活保護の基準額に一定の係数を掛けたもの	1,288（72.9％）
児童扶養手当の支給	1,288（72.9％）
市町村民税の非課税	1,274（72.1％）
市町村民税の減免	1,097（62.1％）
国民健康保険料の減免または徴収の猶予	1,068（60.4％）
国民年金保険料の免除	1,063（60.2％）

図表10－3　「生活保護の基準額に一定の係数を掛けたもの」の内訳

自治体における基準の倍率	H28自治体数
～1.1倍以下	195（11.0％）
～1.2倍以下	227（12.8％）
～1.3倍以下	653（37.0％）
～1.4倍以下	31（1.8％）
～1.5倍以下	166（9.4％）
1.5倍超	12（0.7％）
その他	4（0.2％）
計	1,288（72.9％）

就学援助率は，ここ数年，「高止まり」となっている。全国平均で，約15～16％で，6～7人が援助を受けている。言葉を変えると，小・中学生を持っている家庭の15～16％は，生活保護水準の「少しだけ上」の生活水準にある。ギリギリの家族が非常に多いのだ。

なお，就学援助に関して，各市区町村の保護者への周知努力にかなり差がある。そのため，就学援助を受ける家庭は，本当はもっと多い可能性がある。

図表10-4　就学援助比率が20％以上の都道府県（平成27年度）

ワースト順位	都道府県名	就学援助率	ワースト順位	都道府県名	就学援助率
1	高知県	25.50%	5	鹿児島県	21.80%
2	大阪府	23.67%	6	北海道	21.59%
3	福岡県	23.53%	7	東京都	20.47%
4	山口県	22.93%	8	沖縄県	20.39%

※全国平均 15.23%

図表10-5　東京都の23区および市（町村除く）の就学援助の状況（平成29年度）

区・市	生活保護基準の倍率	就学援助率	区・市	生活保護基準の倍率	就学援助率
千代田区	1.3	10%未満	武蔵野市	1.5	10%未満
中央区	1.2	15%未満	三鷹市	1.15	15%未満
港区	1.2	20%未満	青梅市	1	15%未満
新宿区	1.2	25%未満	府中市	1.5	15%未満
文京区	1.33	15%未満	昭島市	1.64	20%未満
台東区	1.26	30%未満	調布市	1.1	15%未満
墨田区	1.2	30%未満	町田市	1.1	15%未満
江東区	1.18	25%未満	小金井市	1.6	10%未満
品川区	1.25	25%未満	小平市	1.1	15%未満
目黒区	1.2	10%未満	日野市	1.3	15%未満
大田区	1.2	25%未満	東村山市	1.4	15%未満
世田谷区	1.24	15%未満	国分寺市	1.2	10%未満
渋谷区	1.2	25%未満	国立市	1.5	15%未満
中野区	1.15	25%未満	福生市	1	25%未満
杉並区	1.2	20%未満	狛江市	1.1	15%未満

豊島区	1.2	20%未満
北区	1.2	30%未満
荒川区	1.2※	30%未満
板橋区	1.26	35%未満
練馬区	1.2	20%未満
足立区	1.1	35%未満
葛飾区	1.2	25%未満
江戸川区	1.5	30%未満
八王子市	1.25	20%未満
立川市	1.5	20%未満

東大和市	1.45	15%未満
清瀬市	1.5	25%未満
東久留米市	1.4	15%未満
武蔵村山市	1.1	20%未満
多摩市	1.4	15%未満
稲城市	1.7	15%未満
羽村市	1	20%未満
あきる野市	1.5	15%未満
西東京市	1.5	15%未満

※荒川区の 1.2 は平成 24 年度生保基準額に対してである。

■児童手当（新）

　2009 年度までは「児童手当（旧）」であった。2010 年度・2011 年度は「子ども手当」であった。2012 年度以降は，「児童手当（新）」になった。

　「子ども手当」では所得制限はなかったが，「児童手当（新）」では所得制限が復活した。基準額は年収 960 万円（夫婦と子ども 2 人）である。「誰の所得でカウントするか？」が問題であるが，「児童手当（旧）」時代と同じく，「家計の中心的役割の人＝生計を維持する程度が高い人＝両親で所得が高い人」だけでカウントする。だから，高収入の祖父が同一世帯でも関係なし。だから，世帯分離も無関係。

　思い出すと，「子ども手当」をめぐっては壮大なアホ論争が展開された。
①「社会か家族か」の議論。どっちも絶対的に大切なの。
②国籍に関しては漫画的であった。「子ども手当」は，海外に居住する子供に関しては，「児童手当（旧）」を踏襲していた。「子ども手当」になった途端，漫画的事例で非難され，留学を除き支給しないことになった。
③バラマキという論争もあった。子育てをお金で支援する場合，所得控除の「（年少）扶養控除」方式と「手当現金」方式がある。「手当現金」がバラマキなら，「扶養控除」もバラマキだ。問題は，「どちらのバラマキが公

正か」である。年少扶養控除方式は高所得者に圧倒的有利で，低所得者には恩恵は微々たるものでしかない。所得税の基礎知識がない人は，容易に，「子ども手当はバラマキ」「子ども手当で親がパチンコ」といったデタラメ論理を受け入れてしまったようだ。

なお，「子ども手当─児童手当（新)」と「高校授業料実質無償化」によって，教育産業の雇用者数が，約15万人増加したと推計されているが，パチンコ屋大繁盛は聞かない。

図表10-6　児童手当（新）の支給額

児童の年齢	児童手当の額（1人当たり月額）
3歳未満	一律1万5,000円
3歳以上小学校修了前	1万円（第3子以降は1万5,000円）
中学生	一律1万円
特例給付（所得制限限度額以上の場合）	一律5,000円

2 母子家庭の福祉

■児童扶養手当

最初に一言。母子家庭（シングル・マザー）の子とは，20歳未満を言う。したがって，母60歳・子45歳の2人世帯は母子家庭に当たらない。母35歳・子3歳・祖母60歳の世帯は母子家庭にカウントされる。

母子家庭（シングル・マザー）数は123万世帯で，そのうち生活保護受給世帯は11万世帯である。

さて，子供に関する手当は複数ある。

①児童手当（新）……前段で述べた。

②児童扶養手当……片親家庭の話。児童1人で全部支給の場合，月額4万3,160円。

③特別児童扶養手当……片親家庭の話ではなく，障害児の話。月額3万

3,570 円（障害が重い場合は 5 万 400 円）。

④障害児福祉手当……片親家庭の話ではなく，障害児の話。月額 1 万
4,280 円。

　この 4 つは国の制度である。東京都内の市区町村など一部の自治体では，
②児童扶養手当の上乗せとして「児童育成手当」（月額 1 万 3,500 円），③
特別児童扶養手当の上乗せとして「児童育成手当障害手当」（月額 1 万
7,000 円）がある。

　①の児童手当（新）は所得制限があるが，まあ，分かりやすい。③④は
障害児のケースである。通常，障害児を持つ親は役所といろいろ個別相談
するから，問題は発生しない。

　ところが，片親家庭を対象とする②児童扶養手当に関しては，数々の課
題があった。そのため，下段のように頻繁に改正が続いた。とにかく，複
雑な制度だから，配偶者が死亡したら，涙は涙として，役所に出向いてく
ださい。また，離婚を真剣に考えるようになったら，役所で勉強してくだ
さい。役所のホームページで独学しても，理解できるものではありません。

2010 年（平成 22 年）から，父子家庭も支給されるようになった。

2012 年（平成 24 年）から，DV（配偶者からの暴力）で「裁判所からの
保護命令」が出された場合も支給されるようになった。

2014 年（平成 26 年）12 月から，公的年金を受給していても，年金額が
児童扶養手当額よりも低い場合は，その差額分の児童扶養手当を受給でき
るようになった。

2016 年（平成 28 年）8 月から，児童扶養手当の第 2 子の加算額および
第 3 子以降の加算額が変更された。

2018 年（平成 30 年）8 月から，支給制限に関する所得の算定方法が変
わった。

2019 年（令和元年）11 月から，支給回数が年 3 回から年 6 回に変わった。

2020 年（令和 2 年）6 月の国の第 2 次補正予算で，コロナ支援策として，児童扶養手当を受給している世帯に対して，ひとり親世帯臨時特別給付金（一時金 5 万円を支給，第 2 子以降は 3 万円を加算）を決めた。

[手当の金額]

　全部支給…児童 1 人の場合，月額 4 万 3,160 円。2 人目は 1 万 190 円，3 人目は 6,110 円。

　一部支給…児童 1 人の場合，月額 1 万 180 円から 4 万 3,150 円まで，所得等によって細かく計算される。2 人目は 5,100 円〜1 万 180 円，3 人目は 3,60 円〜6,100 円。

[所得制限あり]

　本人の所得だけでカウントするのではない。「同居」する家族に「生計を同じくする扶養義務者の所得制限限度額」以上の人がいる場合は，支給停止になる。

　「生計を同じく」という言葉が登場しているが，おそらく，「生計を一に」＝「生計を同じく」と解釈しても良し，また「生計を共に」＝「生計を同じく」と解釈しても良し，ということだと思う。

　扶養義務者とは，民法 877 条（扶養）に書かれてある。

民法 877 条（扶養）

1　直系血族及び兄弟姉妹は，互いに扶養をする義務がある。

2　家庭裁判所は，特別の事情があるときは，前項に規定する場合のほか，3 親等内の親族間においても扶養の義務を負わせることができる。

　したがって，母子が祖父の家に同居して，祖父が所得オーバーしていれば，手当は支給されない。「同居」だから，世帯分離していても関係がない。

子育て、母子、障害者の社会福祉

第 **10** 章

207

問題は，たとえば夫婦と子供の３人世帯の場合。「(偽装) 離婚」して，児童扶養手当をもらおうと考える人がいることだ。でも，「そうは問屋が卸さない」と思う。思い出すと，過去，そんな相談を数回受けたことがある。

　「アホな考えをするな。離婚したら夫婦別々のアパートを借りなければならない。アパートの家賃で手当は吹っ飛ぶから金銭的にプラスにならない。じゃ何かい，同居していて，離婚しました。だから，児童扶養手当をくださいって申請するのかい？　そんなのダメ・ダメ。OK になるわけない」

　「仮に，戸籍上も離婚する。父親は住民票を別の住所に移せば，母子家庭の出来上がり。所得基準も満たしている。児童扶養手当がもらえそうだが，たまには役所や民生委員も来るかもしれない。同居している事実が発覚して，偽装離婚とバレたら全額返還命令だよ。悪くすると，詐欺罪よ」

　そんな説明したことが数回ある。

　シングル・マザーの友人から「離婚して，母子家庭になったら，手当をくださるの。月額にしてウン万円」といった話を聞いて，浅知恵を脳裏に浮かべる人はいるようだ。

■合計特殊出生率回復に寄与

　人口減少時代に突入している。婚姻数は減少するが離婚数は増加している。たぶん，母子家庭（シングル・マザー）も大増加しているだろう，と推測されるかもしれないが，ここ数年に関して言えば，シングル・マザーは微増程度である。

　ただし，「未婚のシングル・マザー」は急増している。このことは，重大な意味を持っている。日本の合計特殊出生率が 2005 年に 1.26 と最低を記録した。その後，徐々に緩慢ながら回復傾向にあり，2010 年は 1.39 となった。この回復と「未婚のシングル・マザー」急増は無関係でない。びっくりすると思うが，「未婚のシングル・マザー」急増が，合計特殊出生率回復に大きく寄与している，ということなのだ。これは，私の独断ではなく，

『シングル・マザーの最近の状況2015年』（総務省統計研修所・西文彦）でも指摘されている。

図表10-7　未婚のシングル・マザーが急増

	2000 年	2005 年	2010 年	2015 年
総数	6.3 万人	8.9 万人	13.2 万人	17.7 万人

3 障害者の福祉

■なんとなくノウハウだった

最初に一言。

私が，「世帯分離」をテーマに本を書こうと決意した契機は，小泉改革の障害者自立支援法であった。それが，最初の著書『家計を守る「世帯分離」活用術』（2006年秋刊）となった。

福祉の最前線の現場では，しばしば，土壇場の社会的弱者・困窮者に直面する。何とかしなければ悲劇が発生する。そんな現場で，「世帯分離をすると，うまくいくケースがある」ということが，極少数のベテランの中で，何となく知られていた。何となくノウハウだから，当然，何となく公言されなかった。だから，私も，公言しなかった。

障害者自立支援法の登場，それは重度の障害者を持つ家庭はことごとく貧困へ一直線という内容だった。その非道に立ち向かうには，技が必要だ。思案した結果が，「世帯分離の公表」だった。

■私たちを抜きに私たちのことを決めないで！

小泉政権の社会保障削減策として，2004年（平成16年）10月，厚労省は，突如，「グランドデザイン」を発表した。翌年早々には，障害者自立支援法案が示された。ここに，全障害者団体が総結集して大反対運動が始まった。1万人規模の大反対集会が何度も開催された。私も，個人として

参加していたが，毎回，よくぞこんなに集まるものだ，と感心したものだ。メインスローガンは，障害者権利条約の基本精神＜Nothing about us without us!＞を翻訳した「私たちを抜きに私たちのことを決めないで！」であった。郵政解散，自立支援法成立，円滑対策，安倍首相辞職……いろんな出来事があったが，大反対運動は終息しなかった。

　そして，2009年（平成21年）夏の総選挙。政権交代となった。民主党は障害者自立支援法の廃止を公約していた。「障がい者制度改革推進本部」（本部長は総理大臣）が設置され，下部組織として，「障がい者制度改革推進会議総合福祉部会」が設置された。メンバーの大半は障害者か障害者団体だった。ここに，「私たちを抜きに私たちのことを決めないで！」が実現した。

　通称「つなぎ法」が成立し，これによって，9割の利用者が自己負担ゼロになり，利用者負担の非道は解消された。

　改正障害者基本法が成立し，障害者の定義が拡大された。さらに，「社会的障害」という概念が宣言され，「医学モデル」（障害を医学的に捉える）から「社会モデル」（障害を社会的に捉える）へ大転換された。単純に言えば，足が不自由な障害者に対して，医学的モデルでは個人のリハビリ・義足・車椅子に関心を持つが，社会モデルでは建物のバリアフリー化や偏見・差別意識をなくすことにも重大関心を寄せるということである。

　総合福祉部会が障害者自立支援法廃止後の新法のための「骨格提言」を発表した。この文書は今後のかなりの期間，障害者政策の基礎テキストになると思う。

　2012年（平成24年），「障害者自立支援法の廃止ではなく抜本改正」という形式であったが「障害者総合支援法」が成立した。「骨格提言」に比べ，かなり見劣りするが，まあ，一挙に「骨格提言」が100％実現するとは思っていなかったから，「やむなし」かもしれない。DPI（障害者インターナショナル）日本会議でも，「制度改革・要3年継続」法と位置づけ

ている。……思い出すと，激動の歳月だった。

■世帯分離は不必要になった

非道なる利用者負担は，「つなぎ法」によって過去の事件となった。過去の話だが，「世帯分離」が大いにからむ問題なので，少々お付き合いを。

自立支援法では，障害福祉サービスの利用者負担は，原則は，応益負担（定率負担）で，サービス量の1割負担。しかし，サービス量が多くなれば負担額は際限なく上昇する。そこで，利用者の月額負担上限を設定した（図表10−8）。

見れば，明らかなように，住民税非課税世帯（低所得世帯）からも，お金を取るという非道なものだった。それと，絶対に気がついてほしいのは，障害福祉サービスは「世帯の収入状況」で金額を決めるという点である。障害者の負担は，障害福祉サービス利用だけではない。自立支援医療，補装具，地域生活支援事業にも利用料負担が課せられ，同じように「世帯の収入状況」で金額が決められた。紛れもなく，重度の障害者を抱える世帯は貧困に向かって一直線である。だから，前著で私は世帯分離を公言した。

図表10−8　世帯区分と月額負担上限額（障害者自立支援法の出発時）

区　　分		自立支援法出発時の金額
生活保護受給世帯		0円
住民税 非課税世帯	低所得1	1万5,000円
	低所得2	2万4,600円
住民税課税世帯 （一般）		3万7,200円

記憶にあることだが，2005年（平成17年）夏頃の厚労省のホームページには，注意深く，深読みすれば，暗に，「世帯分離をしたほうがいいですよ。大変なことになるから，なんとか，それで生き延びてください」というメッセージが込められていたような感じがした。机上で制度設計している役人だって，自立支援法がトンデモナイ事態を引き起こすことは推測

できたであろう。しかし，政治権力中枢の圧力によって，やむなく「スピード感を持って」つくったのかもしれない。そう思っていた役人は，少なからずいたのではなかろうか。

図表10−9　世帯区分と月額負担上限額（18歳以上・在宅の場合）

区　分		負担上限額
生活保護受給世帯		0円
住民税非課税世帯（低所得）		0円
住住民税課税世帯（一般）	市町村民税所得割16万円未満の世帯	9,300円
	上記に該当しない世帯	3万7,200円

図表10−10　世帯区分と月額負担上限額（児童・在宅の場合）

区　分		負担上限額
生活保護受給世帯		0円
住民税非課税世帯（低所得）		0円
住住民税課税世帯（一般）	市町村民税所得割28万円未満の世帯	4,600円
	上記に該当しない世帯	3万7,200円

※図表 10−5，図表 10−6 に関して。①実費（食費・光熱水費等）軽減制度がある。②独自の軽減策がある市町村もある。

図表10−11　所得を判断する際の世帯の範囲

種　別	世帯の範囲
18歳以上の障害者（施設に入所する18，19歳は除く）	本人とその配偶者
障害児（施設に入所する18，19歳を含む）	保護者の属する住民票の世帯

　2010年（平成22年）12月3日の「つなぎ法」の成立で，被用者負担の姿はガラリと変わった。具体的な姿は，図表10−9，図表10−10である。「住民税非課税世帯（低所得）」は0円になった。「一般」は2段階に分かれ，負担上限額は図表のとおりとなった。もちろん，サービスに係る費用

の1割に相当する額が，負担上限額よりも低い場合は，当該1割に相当する額となる。

注目すべきは，所得を判断する際の「世帯の範囲」が，決定的に変化したのである。「18歳以上の障害者」は「障害者本人と配偶者」だけになった（図表10-11）。

障害者自立支援法の「非道」に対抗すべく，あえて「世帯分離」を公表し，あちこちで，「世帯分離！　世帯分離！」と，ワーワー騒いだことが少しは反映されたかな……。

最後の問題は「夫婦」である。「夫が障害者，妻がOL」といったケースだが，正直，悩んでしまう。夫婦とは何か？　これはもう人類発生にともなう大テーマ。やはり，恋の都パリ，エッフェル塔と凱旋門をつなぐシャンゼリーゼ大通りへ行って，考えてみたいものだ。

コラム8　精神障害者にも福祉手当を

障害者の生活費の基本は「障害者年金」と「就労収入」である。しかし，それだけでは不足なので，大半の自治体では「障害者福祉手当」を設けている。ところが，不思議にも，身体・知的障害者には「障害者福祉手当」が支給されているが，精神障害者がスッポリと欠落している自治体が大半である。東京都内の市区町村も，精神障害者だけはスッポリと欠落している。それでは，イカンということで運動していたら，2011年（平成23年）4月から杉並区独自で精神にも福祉手当が創設された。ただ，金額・支給対象の点で不充分であるが，まずは第1歩。

改正障害者基本法で障害者の範囲も拡大したから，障害者福祉手当のあり方も大きく見直す時期にきたと思う。

【著者紹介】

太田　哲二（おおた　てつじ）

昭和23年名古屋市に生まれる。中央大学法学部卒業。同大学院修士課程修了。杉並区議会議員（10期）OB。「お金と福祉の勉強会」代表。個々人の具体的相談活動に従事。富士政治大学校客員研究員。

著書に『そうか！こうすれば借金・抵当権は消滅するのか』，『少人数私募債活用のすすめ』，『介護・リハビリ・福祉の仕事をしよう』（以上，中央経済社），『韓国偉人伝』（明石書店），『友を救う』（アートアンドブレーン）など。

「世帯分離」で家計を守る［改訂版］
社会保障費を節約する方法

2013年7月25日　第1版第1刷発行
2020年12月25日　改訂版第2刷発行

著者　太　田　哲　二
発行者　山　本　　継
発行所　㈱中央経済社
発売元　㈱中央経済グループ
　　　　パブリッシング

〒101-0051　東京都千代田区神田神保町1-31-2
電話　03（3293）3371（編集代表）
　　　03（3293）3381（営業代表）
http://www.chuokeizai.co.jp/
製版／㈲イー・アール・シー
印刷／三英印刷㈱
製本／㈲井上製本所

©2020
Printed in Japan

※頁の「欠落」や「順序違い」などがありましたらお取り替えいたしますので発売元までご送付ください。（送料小社負担）
ISBN 978-4-502-36431-0　C3034